I0153472

ORNEMENTATION

USUELLE

PARIS

TYPOGRAPHIE DE ROUGE FRÈRES, DUNON ET FRESNÉ

RUE DU FOUR-SAINT-GERMAIN, 43

RNEMENTATION

USUELLE

DE TOUTES LES ÉPOQUES

DANS LES

ARTS INDUSTRIELS

ET EN

ARCHITECTURE

PAR

RODOLPHE PFNOR

ARCHITECTE ET GRAVEUR

Auteur des monographies du Palais de Fontainebleau,
des Châteaux de Heidelberg,
Anet, etc., etc.

PARIS

A LA LIBRAIRIE ARTISTIQUE DE E. DEVIENNE ET CIE, ÉDITEURS

18, RUE BONAPARTE 18

ET CHEZ L'AUTEUR, 146, RUE DE VAUGIRARD

1866–1867

SOMMAIRE. — Carrelage en faïence émaillée. — Imposte en fer forgé. — Fauteuil du mobilier de la Couronne. — Marteau de porte. — Vase décoratif.

CARRELAGE EN FAIENCE ÉMAILLÉE

(Nos d'ordre 11 et 12)

Le mode de construction en briques avec revêtements émaillés actuellement en usage en Perse date, dans ce pays, de la chute de la dynastie des Sassanides, lors de la conquête arabe au septième siècle. Toutes les constructions antérieures sont en pierres de grande dimension.

Quelques auteurs éminents ont avancé que l'art persan du moyen âge n'avait véritablement été formé que par les réfugiés grecs-nestoriens, qui, chassés de Byzance au quatrième siècle, se répandirent dans toute l'Asie Mineure et en Perse, et firent éclore un art nouveau de l'union des éléments qu'ils apportaient et de ceux qu'ils trouvèrent sur le sol de leur nouvelle patrie.

Il est un fait acquis pour toutes les personnes qui ont étudié les monuments anciens de la Perse, c'est que les dynasties qui sont venues après l'invasion d'Alexandre le Grand, Séleucides, Arsacides et Sassanides, n'ont pas eu d'art qui leur fût propre et n'ont fait que copier d'une manière plus ou moins heureuse les sculptures des siècles précédents (1).

Ce seraient donc les Grecs qui, après avoir enseigné aux Romains, auraient aussi inspiré les Persans et auraient ainsi créé le genre arabe : car il est parfaitement admis par tout le monde que ces tribus nomades, très-barbares, surtout en matière si délicate, n'entendaient rien à l'art, et que ce fut bien en Perse qu'ils vinrent chercher ce que l'on appela plus tard l'art arabe, qui subit dans la suite de grandes modifications. Tandis que les artistes persans puisent leurs inspirations dans les productions végétales et y mêlent même la représentation d'animaux, les Arabes du Caire et de l'Espagne, pour obéir à leurs principes religieux, bannissent toute représentation de la nature organique et ne puisent leurs ressources décoratives que dans les combinaisons géométriques.

Les carreaux émaillés formaient et forment encore de nos jours la principale décoration des maisons persanes; on s'en sert comme revêtement et comme pavage; celui que nous publions nous paraît avoir été fabriqué pour ce dernier usage.

Nous pouvons juger de la composition de ce carrelage par la vue de la planche (4e livr.), qui en reproduit l'ensemble. Les ornements y sont vigoureux et hardiment jetés; les rosaces sont le plus heureusement composées, et, par-dessus tout, le coloris est d'un effet si riche qu'il faut bien déclarer que l'on pourrait être satisfait à moins.

En examinant de près les moyens employés par les producteurs de cette brillante décoration, nous serons étonnés de leur simplicité. L'artiste a pris pour modèle des plantes et des fleurs, mais sans les copier d'une façon trop puérile, il a traduit cette végétation en décoration monumentale; il a ensuite posé ses teintes très-arbitrairement par rapport à la coloration naturelle des modèles qu'il avait choisis, mais d'une manière fort sage par rapport à l'harmonie des couleurs. Pour que chaque ton ait bien sa couleur propre, l'artiste a redessiné le contour en bistre et a évité, par ce moyen, la diffusion des teintes à une certaine distance, phénomène qui n'aurait pas manqué de se produire sans cette précaution. Disons aussi que ce redessiné fait valoir très-heureusement le dessin général.

Nous retrouverons ces principes si simples et si vrais chez tous les peuples qui ont entendu la décoration monumentale.

(1) Voir le *Voyage en Perse*, de Flandin et Coste.

Mieux vaut, en effet, s'en tenir à ces effets de lignes et de couleur bien agencés que de chercher à produire, par une sorte de trompe-l'œil, comme on le tente aujourd'hui, des reliefs de fleurs ou d'animaux sur une surface qui, par sa destination, doit être forcément plane.

La surface du carrelage est émaillée à l'aide de la *glaçure stanifère*, c'est-à-dire à base d'étain, blanche et opaque, dont les Arabes faisaient usage depuis longtemps déjà. Notons en passant que la *couverte* dont Lucca della Robbia fut l'inventeur au quinzième siècle a beaucoup d'analogie, sinon de similitude, avec celle qui nous occupe ; nous la retrouverons dans le portrait de Raphaël publié dans notre deuxième livraison.

Notre chromo-lithographie est une reproduction exacte, un fac-simile, en quelque sorte, du carreau que nous avions à notre disposition, rendant avec la même fidélité toutes ses perfections et ses imperfections.

IMPOSTE EN FER FORGÉ

(No d'ordre 5

L'art de la serrurerie, si florissant en France et en Allemagne pendant le moyen âge, s'est soutenu jusqu'au siècle dernier.

En effet, il suffit d'examiner la grille dont nous nous occupons et le heurtoir que nous donnons dans cette livraison, pour voir que la serrurerie prend une large place dans les arts industriels; encore est-il bon de dire que nous ne regardons pas cette imposte comme une œuvre exceptionnelle. Nous sommes bien loin, surtout comme valeur de travail, des belles grilles et pentures du douzième et du treizième siècle et même de la serrurerie allemande des quinzième et seizième; nous n'avons plus ici ces merveilleuses soudures dont Mathurin Jousse a dit : « Biscornet en a emporté le secret dans la tombe. » Selon le système adopté en France dès le quatorzième siècle, la tôle repoussée et rivée joue le principal rôle, et la lime a prêté son concours à l'ouvrier. Cependant la décoration et l'utilité sont si intimement liées, ce chiffre est si gracieusement enlacé et la main-d'œuvre de cette grille-imposte est traitée avec un soin tel que nous n'hésitons pas un seul instant à la proposer comme modèle de décoration en fer d'un goût simple et élégant.

FAUTEUIL DU MOBILIER DE LA COURONNE

(No d'ordre 6

Ce fauteuil provient de la chambre à coucher de Louis XIV, au palais de Versailles. La monture remarquablement sculptée en bois doré et la tapisserie des Gobelins font regretter que ce beau siége ait subi une modification qui l'a défiguré : les franges, qui sont une restauration moderne, cachent la sculpture sur bois de la monture à laquelle devait être fixée la garniture.

Nous donnerons par la suite des siéges et fauteuils de différentes époques, et nous verrons que jamais on n'a substitué à la frise sculptée ou unie des franges, qui sont une invention toute moderne et d'un goût très-contestable.

Le dessin de ce meuble est attribué avec raison, pensons-nous, à Lebrun. Nous savons qu'il composa tous les dessins décoratifs tant du château que du mobilier de Versailles, dans tous leurs détails; il dessina, dit-on, jusqu'aux espagnolettes.

MARTEAU DE PORTE

(No d'ordre 1)

Au contraire de nos sonnettes, qui ne prêtent en aucune sorte à l'ornementation, nos pères avaient les heurtoirs, qui étaient la plupart du temps un sujet réel de décoration pour l'entrée de leur demeure. Tantôt en fer, tantôt en bronze et de formes les plus variées, ils devenaient sous le burin ou le marteau de l'artiste de véritables objets d'art.

Le magnifique heurtoir que nous donnons ici provient du château d'Anet.

La plaque est en fer repoussé et ciselé, aux armes de France, et surmontée du croissant de Diane de Poitiers. Le heurtoir proprement dit est un anneau formé par deux dauphins ; il est en fer ciselé.

Cet élégant spécimen de la serrurerie française au seizième siècle a dû être exécuté sur un dessin de Philibert Delorme, l'architecte du château d'Anet. (1548.)

VASE DÉCORATIF

(No d'ordre 9)

Par suite de diverses alliances, le château d'Anet était devenu la propriété des ducs de Vendôme.

L'arrière-petit-fils de Henri IV, le duc Louis-Joseph de Vendôme, qui était le chef de cette maison à la fin du dix-septième siècle, habitait Chenonceaux et plus particulièrement Anet, lorsqu'il n'était pas en campagne ; c'est à lui que l'on doit les changements plus ou moins heureux que cette splendide résidence subit à cette époque.

Le vase que nous donnons dans cette livraison provient de ce temps ; de son examen, il résulte que tous les changements apportés à la demeure de Diane de Poitiers ne furent pas malheureux. Il exhale encore comme un parfum de Renaissance. La façon dont l'artiste l'a traité, jointe à l'ampleur du style Louis XIV, concourt à faire de cet amortissement un excellent modèle dont on peut s'inspirer ou que l'on peut même copier à l'occasion.

Paris. — Typ. Rouge frères, Dunon et Fresné, rue du Four, 43.

SOMMAIRE. — Broderie vénitienne. — Portrait de Raphaël. — Sucrier en verre de Bohême. — Frise en pierre sculptée. — Lustre de Murano.

BRODERIE VÉNITIENNE

(Nos d'ordre 18 et 19)

Dès le onzième siècle, Venise était l'entrepôt du commerce de l'Orient et de l'Occident, et tendait tous les jours davantage à devenir un grand centre industriel et manufacturier.

Marchant à pas de géant dans cette voie, elle atteignit bien vite l'apogée et, grâce à un gouvernement qui sacrifiait tout à ce point de vue, Venise sut maintenir pendant fort longtemps la haute prépondérance industrielle et commerciale qu'elle avait su acquérir si promptement.

Au seizième siècle, les arts et l'industrie n'y étaient, à proprement parler, qu'une seule et même chose, et c'est ce qui expliquera à nos lecteurs la fréquence des exemples que nous emprunterons aux différents produits de la cité des Doges.

Dans la broderie de soie que nous donnons ici et qui devait être posée au bord d'une étoffe de tenture, on ne sait ce que l'on doit le plus admirer de la composition si heureuse ou de la riche harmonie des couleurs. Rien de gracieux comme ce dessin sur ce fond transparent.

Suivant le grand principe décoratif malheureusement abandonné depuis, l'artiste n'a pas eu la moindre velléité d'imiter des ornements en relief; tous les effets sont obtenus par des oppositions et des dégradations de tons. Le dessin est habilement cerné en foncé pour le faire mieux sentir et empêcher la diffusion des teintes à une certaine distance. Aussi, malgré la simplicité des moyens employés, il est impossible d'obtenir un effet plus élégant et plus riche que dans cette bande de broderie.

PORTRAIT DE RAPHAEL

(No d'ordre 8)

Avant de faire de la sculpture émaillée, Lucca della Robbia avait étudié l'état d'orfévre, qu'il abandonna pour la sculpture monumentale. Il acquit dans cette dernière une réputation que son nouveau genre ne fit qu'accroître.

C'est lui qui trouva la *couverte* au moyen de laquelle il put assurer une durée presque éternelle à ses chefs-d'œuvre en terre sculptée. Cette couverte se composait d'étain, de terraghetta, d'antimoine et d'autres minéraux mélangés et cuits au feu d'un four qu'il disposa à cet effet.

Les Arabes faisaient depuis longtemps usage de l'émail stannifère pour leurs produits céramiques. Ce furent, dit-on, des potiers de Majorque, une des îles Baléares, qui introduisirent ce procédé de glaçure en Italie, après l'avoir appris des artistes arabes. De là le nom de *Majoliques* donné aux faïences émaillées.

On pourrait donc contester à Lucca della Robbia l'invention de l'émail; mais, outre qu'il diffère de l'autre par sa composition, il fut le premier à appliquer ce genre de décoration à l'architecture.

Le médaillon que nous donnons lui est attribué par des personnes très-savantes assurément, mais un rapprochement de dates nous engage à en croire plutôt l'auteur son neveu et successeur André della Robbia. En effet, d'après M. Barbet de Jouy, les premiers travaux de Lucca en ce genre datent de 1438. Il était né à Florence vers 1400 et mourut le 20 février 1481 ; à ce moment son neveu avait quarante-quatre ans. A la même époque, Raphaël n'avait guère que seize ou dix-sept ans, et ne jouissait pas encore de la réputation qui l'attendait; il est donc plus que probable que Lucca n'est pas l'auteur du médaillon, d'autant mieux que Vasari nous apprend que, dans les derniers temps de sa vie, il chercha le repos, ce que son âge avancé lui permettait certainement.

D'un autre côté, dans l'exécution de ce portrait, plusieurs indices, tels que la dimension de la guirlande de fruits et de fleurs et la coloration au naturel, nous confirment dans notre opinion. En effet, ce n'est plus la sobriété scrupuleuse de Lucca.

Les couleurs du médaillon sont distribuées de la façon suivante : la figure et le vêtement sont en blanc, ton d'ivoire, sur fond bleu très-doux; la guirlande est colorée au naturel sur le même fond, le tore en corde et les oves sont jaune très-vif, enfin le filet extérieur revient au même bleu que le fond du portrait.

SUCRIER EN VERRE DE BOHÊME

(No d'ordre 23)

Nous attendons, pour donner la description de cette planche, la prochaine livraison, dans laquelle paraîtra un flacon aussi en verre de Bohême et présentant assez de points de contact avec le sucrier pour partager l'explication que nous comptons lui consacrer. Il nous arrivera souvent de réunir ainsi des objets identiques en un seul compte rendu.

FRISE EN PIERRE SCULPTÉE

(No d'ordre 14)

Ayant à revenir sur la sculpture monumentale du treizième siècle, en publiant des fragments de cette époque, nous nous en occuperons aujourd'hui au seul point de vue du *naturalisme* dans l'ornementation architecturale.

« Il semble, en examinant les monuments, dit M. Viollet-« Le-Duc, que ce soient les Clunisiens (moines de l'abbaye « de Cluny) qui, les premiers, aient formé une école de « sculpteurs allant chercher leurs modèles dans les productions « végétales. »

Nous croyons que l'on peut faire honneur de l'introduction de ce grand élément décoratif, ou du moins de son application à l'état de système, à l'école laïque qui s'éleva dans l'Ile-de-France pendant la deuxième moitié du douzième siècle.

En même temps que les architectes abandonnent leurs anciens principes, les sculpteurs de cette vaillante école laissent de côté tous les modèles dont jusque-là ils s'étaient inspirés : étoffes, ivoires byzantins, objets d'art orientaux rapportés par les premiers croisés, fragments gallo-romains, pour les humbles plantes de nos campagnes, qui seront désormais l'unique source où ils iront puiser leurs inspirations.

La sculpture que nous donnons ici est un des plus délicieux morceaux de cette époque, où la sobre imitation de la nature était pure encore de toute l'exagération minutieuse dans laquelle l'art tomba insensiblement jusqu'au quinzième siècle. Que de qualités dans la reproduction de cette petite plante qui forme la frise de la Piscine de la Sainte-Chapelle! Les feuilles sont admirablement groupées pour former les petites masses qui sortent des tiges; seules, les personnes qui ont tenté de soumettre les végétaux à la décoration monumentale peuvent se faire une idée des difficultés à vaincre pour arriver à rendre à la fois, dans la pierre, la souplesse et la vigueur de la végétation avec élégance et sans raideur.

LUSTRE DE MURANO

(No d'ordre 27)

Parmi les produits artistiques qui ont le plus distingué la république vénitienne, il en est peu qui se soient élevés plus haut que ceux de la verrerie.

Après que les fabriques de verre du Rialto eurent été chassées de la cité, par décret du conseil des Dix, vers 1291, celles qui existaient déjà depuis quelques années dans la petite île Murano virent leur vogue s'accroître et devinrent le centre de cette industrie. C'est là que, dans la seconde moitié du quinzième siècle, fut inventé le cristal dont les Vénitiens gardèrent fort longtemps le secret.

Cependant la plupart des objets remarquables qui sont entre les mains des collectionneurs sont en verre coulé, le cristal n'entrant dans leur agencement que, pour ainsi dire, en ornements extérieurs, tels que pendentifs, perles, etc.

Il est impossible de se figurer l'effet produit par cette alliance de verre aux teintes variées et du cristal blanc; rien n'est plus merveilleusement beau que ces lustres, ces bras de lumière, ces candélabres avec leurs fleurs et leur feuillage aux différentes couleurs et aux mille facettes qui reflètent les lumières en les multipliant à l'infini.

En les voyant, on se demande comment il se fait que personne encore n'ait eu l'idée de doter notre époque, si éminemment portée au luxe et à son expression, d'un produit aussi magnifique et aussi simple dans sa construction.

En effet, le lustre que nous donnons se compose d'une infinité de petits morceaux de verre semblables entre eux pour chaque bras, et enfilés sur une armature en fil de fer plus ou moins fort, selon la grandeur de l'objet.

Les différentes parties dont se forme chaque branche sont ou coulées dans un moule ou soufflées, ou bien, comme les feuilles, contournées à chaud et découpées au sortir du moule.

Les divers morceaux qui composent le dessin général du lustre sont en verre blanc verdâtre, les feuilles en couleur vert-foncé avec les pointes blanches ou rouges; blanches ou rouges sont aussi les fleurs; les boules, ainsi que les pendentifs, sont en cristal blanc.

Pourquoi donc, aujourd'hui que des progrès indiscutables ont été obtenus dans la fabrication du verre et du cristal, a-t-on abandonné ces délicieux motifs d'ornementation des appartements pour ne les remplacer que par du cuivre doré et du bronze, dont les effets ne peuvent être comparés à ceux des lustres du genre de celui que nous montrons ici?

Paris. — Typ. Rouge frères, Dunon et Fresné, rue du Four, 43.

SOMMAIRE. — Étoffe de tenture. — Fleurons de la Sainte-Chapelle. — Chaise Louis XIII. — Cadre sculpté. — Flacon en verre de Bohême.

ÉTOFFE DE TENTURE

(Nos d'ordre 30 et 31)

Lorsque les savants auteurs des *Mélanges d'archéologie* publièrent, en 1851, leurs magnifiques planches des étoffes de la châsse de Charlemagne, de Ratisbonne, de Toulouse, etc., ce fut l'étonnement qu'ils provoquèrent parmi tous ceux qui s'occupaient d'art à cette époque. A part quelques collectionneurs, personne ne faisait attention aux admirables tissus qui nous étaient restés du moyen âge. Leur initiative a produit d'excellents résultats; à nous de la seconder; c'est un devoir devant lequel il nous est doux de ne pas reculer.

La tenture que nous publions est de composition moderne, mais elle rentre si bien dans les données des fabriques anciennes de Byzance, de Sicile ou d'Espagne, que nous croyons devoir la classer parmi nos modèles.

Nous retrouvons ces paons affrontés, abrités sous le *Hom*, l'arbre sacré des anciennes religions de l'Asie, dans les tissus du trésor d'Aix-la-Chapelle, de la chasuble de saint Dominique, du cabinet de M. Dugué, et de la major d'Arles. « Le paon, dit le P. A Martin, a toujours signifié, dans l'art chrétien, la gloire future. » Comme il symbolisait dans les religions antérieures l'élément du bien, souvent on l'alternait avec des griffons et des guépards, chargés d'indiquer, d'abord l'élément du mal, puis les peines éternelles (étoffe verte et rose du trésor d'Aix, étoffe vert sur vert de la ville d'Arles). Souvent on les peignait séparés, comme dans la chasuble de saint Yves et dans l'étoffe qui nous occupe en ce moment. Les couronnes et les étoiles qui surmontent la tête des paons ne font qu'accuser plus fermement la pensée que nous venons d'indiquer, et rapprochent encore plus notre tenture des *vestements pavonés* que Constantin Porphyrogenète (1) ordonnait à ses grands officiers de porter à la fête de Noël.

FLEURONS DE LA SAINTE-CHAPELLE

(No d'ordre 4)

L'art n'a jamais été et ne sera jamais qu'une interprétation libre de la nature.

Sur les rives de la Seine, aux pieds de ces coteaux riants, entre lesquels serpente le fleuve, on rencontre, au printemps, des plantes aux larges feuilles, dont la tige centrale s'élève et se balance, gracieuse, au souffle du vent; quelques-unes sont

(1) De Cerim. Aul. Bys., C. 23 (243, Mel. Arch., t. II).

plates, sans ornements, sans découpures, et n'ont qu'une arête vive au centre, comme sur le fleuron de droite; d'autres ont des analogies lointaines avec l'acanthe des anciens, et semblent onduler, au gré de la brise légère, comme sur celui de gauche. Pourquoi chercher ailleurs les modèles choisis par les grands artistes qu'enrôla, pour son œuvre sans pareille, Pierre de Montereau.

Châteaubriand compare les cathédrales aux forêts de n pays, et nous laisse croire que les oiseaux qui les fréquentent ont l'illusion des grands arbres séculaires de nos bois. Comment ne pas comprendre la poésie de ces pages quand on admire, de loin, au milieu de l'océan de maisons qui s'appelle Paris, l'admirable bouquet de clochetons qui se nomme la Sainte-Chapelle!

CHAISE BOIS DE CHÊNE (ÉPOQUE LOUIS XIII)

(N° d'ordre 21)

Ce ne fut pas dans la demeure discrète d'un Corneille ou d'un d'Aubigné que se prélassa la chaise sculptée dont nous vous donnons la gravure, mais plutôt dans le salon d'un raffiné de l'époque. Comment adosser à de pareilles sculptures le satirique auteur des *Entretiens du baron de Fœneste*, la main lui démangerait trop de tympaniser les courtisans et la courtisanerie. A ces enroulements, à ces rosaces, il faut le gant parfumé à la Phyllis d'un Cadenet ou d'un Épernon, le castor à l'ondoyant panache, le manteau drapé sur l'épaule. Ce ne sont pas les galoches du grand Corneille qui s'appuyaient aux traverses tournées de cette chaise, mais mieux les bottes en cuir blanc de Russie, aux revers garnis de dentelles, d'un Frangipane ou d'un Sully.

Tout se tient. A des pourpoints céladons ou vert tendre qui laissaient voir la fine chemise de Hollande aux bouillons neigeux, à des moustaches recoquillées en matamore, à des royales, à des boucles soyeuses jetées au vent, à des aiguillettes, à des roses, à des rubans; il fallait, comme meuble, du bois tourné, orné, fouillé, découpé, ciselé.

De nos jours, où le luxe de bon goût est plus à la portée de tout le monde, il nous semble que notre chaise ne déparerait pas la salle à manger la plus recherchée.

Nous publierons dans une prochaine livraison un autre genre de siége pour le même usage, qui, pour avoir moins de faste, a peut-être plus d'élégance et d'harmonie.

CADRE SCULPTÉ.

(N° d'ordre 17)

Le style Louis XVI est de nos jours tout à fait à la mode. Pour ce qui est du mobilier, nous n'avons pas à le juger en cet endroit. Pour ce qui est de l'ornementation et des moulures, il n'a peut-être pas toute l'ampleur du siècle de Louis XIV, tout le bon goût du siècle de la Renaissance. Mais on rencontre à chaque instant dans ses sujets des inattendus pleins de finesse et de légèreté. Notre cadre en est une preuve. Reprocher à ces feuillages d'être resserrés de ressembler au papillon qui n'a pu déployer encore ses ailes, serait vraiment cruel devant l'élégance d'une baguette aussi distinguée de forme, aussi gracieuse de détails. L'effet de cette moulure dorée sur ce fond blanc mat est délicieux; le petit chapelet de perles qui le termine ajoute encore à sa délicatesse, et, sans se commettre aucunement, les petits-maîtres poudrés à blanc, les marquises à lèvres roses pouvaient s'admirer à leur aise dans la fine glace qu'il entourait jadis.

FLACON EN VERRE DE BOHÊME

(N° d'ordre 24)

Nous avons publié dans une livraison précédente un sucrier de la même provenance; nous donnons maintenant le flacon qui l'accompagne. Tout à l'heure nous faisions remarquer la finesse poussée jusqu'à la ténuité dans une matière solide; ici nous insisterons sur la gravité sobre des ornements dans une matière fragile. Le cadre appartenait à une époque quintessenciée; les objets que nous avons sous les yeux faisaient partie du mobilier de personnages plus méthodiques. Le nom de la propriétaire du sucrier est gravé en creux sur le bord du couvercle. Notre dessin en laisse apercevoir quelques lettres. Voici l'inscription: 1704. *Dorothea. Friederica. Zahnin.* Audessous, en regard de l'oiseau, est une selle ornée de ses deux courroies pendantes et de ses deux étriers, symbole probable de la profession du mari de Dorothée. L'absence de toute espèce de couronne et de signes héraldiques empêche de l'attribuer à un cavalier quelconque. Rien n'égale, au milieu d'un service de table, l'élégance calme de ces verreries de Bohême. Nos carafes guillochées, nos coupes à facettes vives n'atteindront jamais l'effet intime et réservé de ces deux vases que nous nous hâtons d'offrir à l'intelligente mise en œuvre de nos modernes fabricants de faïences et de verres.

H. du C.

Paris. — Typ. Rouge frères, Dunon et Fresné, rue du Four, 43.

CHASSE DE SAINTE FAUSTA (1) (ÉMAILLERIE CHAMPLEVÉE)

(Nos d'ordre 32, 33 et 39)

Cette belle châsse, qui fait maintenant partie du musée de Cluny, provient de l'église de Segny, canton d'Issoudun, dans le département de l'Indre.

Selon un système très-souvent adopté à cette époque, cette châsse est construite en bois recouvert de plaques de cuivre émaillé et doré. Elle est ornée de figures en cuivre repoussé également doré, les bordures sont en relief enrichies de cabochons de diverses couleurs; sa longueur dépasse 0,46 c. sur 0,36 c. de hauteur. C'est une pièce de la fabrication limousine de la fin du XIIe siècle; et nécessairement les émaux sont obtenus par le procédé du champlevage, ou taille d'épargne, pour user de l'expression employée dans les inventaires et manuscrits des XIVe et XVe siècles.

Les figures de la face principale, que fait voir notre gravure, représentent le martyre de sainte Fausta. Le proconsul à cheval ordonne le supplice, la sainte, agenouillée près du bourreau, attend les mains jointes, la couronne des martyrs; sur la partie inférieure se distinguent la sainte Vierge et saint Jean. Toutes ces figures se détachent en relief sur le fond d'émail bleu clair, couvert de rinceaux, avec gravures et riches épanouissements de la plus belle composition, et dont notre planche de détails, grandeur de l'original, peut donner une idée.

CARRELAGE PERSAN (ENSEMBLE)

(No d'ordre 13)

L'Orient sera toujours le pays du rêve et de la poésie. Marcher sur des fleurs, habiter des édifices dont tous les murs sont tapissés de fleurs, faire chanter à la pierre le poëme des vallées et des montagnes, puis laisser le soleil dorer ces contours, émailler ces façades, tourner sur ces minarets, faire reluire ces dômes d'azur et d'or, et « prendre ainsi par les yeux, comme dit Michelet, cette nourriture éthérée, l'air, la lumière » et la nature, voilà ce qu'avaient réalisé dans leur art sublime les peuples de la profonde Asie.

La Perse particulièrement. « Ce foyer où les idées et les inventions des pays et des peuples les plus lointains sont ve-

(1) C'est par erreur que le graveur a inscrit sur nos planches le nom de saint Faustin en place de celui de sainte Fausta qui se lit sur le petit meuble du Musée de Cluny.

nues se confondre », et par laquelle seule « on pourra pénétrer les mystères de l'origine de l'art Byzantin et de l'architecture Sarrazine. » La Perse, disons-nous, avait possédé cet art au suprême degré, le collége de la mère du roi à Ispahan et les diverses cours des maisons nobles de Téhéran en font foi. Les modernes habitants ont oublié, paraît-il, les divines traditions de leurs pères, à nous de les rechercher; Anquetil Duperron apprit aux Brahmes de Bénarès à lire leurs livres sacrés. Peut-être se rencontrera-t-il un Européen pour signaler aux descendants des Mages les merveilles de leurs temples et de leurs palais.

Etudions-les toujours et tâchons d'imiter ce qui nous reste d'eux. Pourquoi ne pas nous les assimiler ces parements de murs qui donnent tant de richesses aux édifices d'Espagne et d'Italie. Pourquoi, pour descendre à une utilité plus familière, ne pas décorer nos vestibules, nos appartements (salle à manger, salle de bains, etc.), de ces carrelages d'un si brillant aspect? Le spécimen que nous donnons en fait assez bien désirer la réalisation, sa variété singulière, son agencement plein de fantaisie, lui donnent un caractère spécial qui fait rêver malgré soi aux contes étranges de l'Euphrate et du Tigre.

Il nous arrivera souvent d'emprunter aux régions lointaines des exemples de leur art, l'Exposition prochaine nous en fait tout d'abord un devoir; mais, de plus, il nous semble qu'une alliance intime entre nos raideurs modernes et ces provenances d'une si libre allure ne peut qu'être profitable à la réforme des tendances régulières et monotones, qui semblent vouloir nous entraîner complétement.

MOULURE DE FONTAINEBLEAU

GALERIE DE HENRI II. — LE PRIMATICE.

(No d'ordre 10)

La colonie d'artistes italiens qui s'installa d'abord avec le florentin Rosso, puis ensuite avec le Bolonais Primatice dans le vieux manoir de saint Louis, au beau milieu de la légendaire forêt de Fontainebleau, forma en France une école particulière, que l'on désigne d'ordinaire sous la dénomination d'*école de Fontainebleau*. Comblés d'honneurs et de présents, ces riches natures ultramontaines purent à leur aise écrire en gros caractères, dans ce nouveau palais, leur pensée tout entière; si nous voulions la caractériser d'un mot, nous appellerions cette école l'*école sensualiste*. Ils imprimèrent à l'art français une tendance étrangère il est vrai, mais ils subirent de même à leur tour l'influence considérable de notre caractère, de la nature qui les entourait et surtout de la cour au milieu de laquelle ils vivaient. On peut dire que François Ier imprima son cachet personnel à cette école, ce cachet lui survécut, la cour de Henri II ne fut qu'un reflet de celle du roi chevalier. On sent partout à Fontainebleau passer comme un souffle des duchesses d'Etampes, des Marguerites et des Dianes, au milieu de toutes ces allégories si galantes et si lascives. On le sent jusque dans les motifs d'ornementation les plus ordinaires. Les moulures ont des aspects de lèvres entr'ouvertes, qui appellent les baisers, les feuilles s'étalent et s'accouplent amoureusement; tout est sensuel dans les galeries de Fontainebleau, ne trouvez-vous pas que notre cadre lui-même se ressent du voisinage des peintures qu'il était appelé à faire ressortir. Si les grands artistes donnent à leur siècle une impulsion immense, ils en reçoivent en échange une autre qu'il ne leur est pas donné de repousser.

TÊTE SCULPTÉE (DE JEAN GOUJON)

(No d'ordre 22)

La grande préoccupation française a toujours été, quoi qu'en disent certains publicistes modernes, l'expression, la diffusion, la vulgarisation de la pensée. On croirait à étudier spécialement les œuvres artistiques de nos devanciers, que leur mission dans le monde était d'enseigner aux nations. Lorsque les artistes français du moyen âge prenaient en main le pinceau, le maillet, le burin, la pensée débordait de leurs œuvres; à voir certains porches de cathédrales, certaines verrières, certains meubles même, on sent que c'était pour ainsi dire comme à un besoin, comme à une nécessité, qu'ils cédaient en taillant le bois, la pierre ou le marbre, en fondant l'émail de leurs vitraux, en couvrant d'emblèmes les murailles de leurs temples. Mais de tous ces maîtres, nul plus que Jean Goujon n'a poussé aussi loin cette passion essentiellement nationale. Arrêtez-vous devant les portes de Saint-Maclou à Rouen, reconstruisez la fontaine ancienne des Innocents, examinez la façade du vieux Louvre, et vous sentirez à quel point cet homme avait poussé cette sublime tendance. Nous comptons revenir dans une prochaine livraison, à propos d'un meuble sculpté par lui, sur cette face de son caractère, que nous ne faisons qu'indiquer aujourd'hui.

Il y aurait tout un petit poëme à faire sur la tête que représente notre gravure, nous n'avons pour l'écrire, ni le talent ni l'espace, quelques mots suffiront au lecteur pour le reconstruire lui-même.

Pourquoi pleure-t-elle, cette charmante figure, penchée si gracieusement? A l'endroit où le doigt s'appuie sur l'étoffe drapée, un trou profond renfermait autrefois un objet quelconque de métal ou de pierre, les petits creux du vêtement, de même, étaient chargés d'ornements de matière analogue; l'insecte ou le reptile qui mordait le doigt a disparu, mais façonnez-le par l'imagination, et vous comprendrez le cri douloureux de la bouche, la larme de l'œil aux paupières mi-closes; vous sentirez ce que nous disions tout à l'heure, que le moindre coup de ciseau du grand sculpteur de la renaissance faisait jaillir partout des sensations et des pensées.

H. du C.

Paris. Imp. Rouge frères, Dunon et Fresné, r. du Four St-Germ., 43.

SOMMAIRE. — Assiette en faïence émaillée. — Dossier de chaise en cuir ciselé et gravé. — Détail de la cheminée du château de Villeroy. — Calices de la Cathédrale de Varsovie. — Meubles tyroliens.

ASSIETTE EN FAIENCE ÉMAILLÉE.

(Nos d'ordre 45-46)

La fabrique de Castel-Durante, qui semble être une des plus anciennes de l'Italie, n'est guère connue que par des produits du milieu du XVIe siècle, exécutés, surtout au point de vue décoratif, comme l'assiette que nous publions, et qui est datée de 1533.

Les grotesques en camaïeu qui la décorent sont dessinés en bistre brun-verdâtre, modelés en bistre du même ton et rehaussés d'émail blanc, sur le fond chaud de la pièce. Ils se détachent, sur un champ bleu lapis posé au pinceau sur lequel ont été tracés par enlevage, de façon à laisser apparaître le fond, les quelques rubans et les rinceaux qui se détachent du corps des ornements.

Nous devons cette notice à l'obligeance de M. Alfred Darcel, et la bonne fortune de pouvoir publier ce superbe échantillon de céramique italienne à M. Galichon, qui a bien voulu nous le laisser dessiner.

DOSSIER DE CHAISE EN CUIR CISELÉ ET GRAVÉ.

(No d'ordre 26)

Les peuples du midi de l'Europe, particulièrement ceux de la péninsule Hispanique, affectent, dans l'ornementation, une sorte d'exubérance, de recherche, de luxe de détail, tout à fait en rapport avec leurs allures et leur caractère. On dirait qu'il leur est resté des Maures, comme une tradition lointaine, tradition que sont venus réchauffer, par la suite, les merveilleux récits des grands explorateurs du XVIe siècle. Leurs causeries regorgent d'images, leur architecture de rinceaux, de feuillages, de diamants, de torsades. Ce n'est plus à de la dentelle, c'est à quelque chose d'innommé, qu'il faudrait comparer les portes des chapelles de Batalha, les fenêtres du couvent de Thomar.

Notre chaise participe à la fois, par son style, de ce goût oriental, que nous signalions, et par la matière dont elle est faite, de l'élément étranger qu'apportèrent dans l'ancien monde les *conquistadores* du nouveau.

C'est de cuir d'Amérique qu'est formé le dossier de ce meuble majestueux, ainsi que le siége que nous publierons prochainement. L'épaisseur du cuir le rendait difficile à gauffrer pour le peindre ensuite, les Portugais le gravèrent. Le pointillé du fond est obtenu par le moyen d'un outil taillé à facette; les fleurs, les oiseaux, etc., sont gravés en creux et brunis; le cuir du fond frappé par l'outil prend de la sorte une teinte brun clair; les sujets ressortent en vigueur, sur le fond et donnent à ce genre de travail une couleur et un relief d'un effet plein d'ampleur et de richesse.

DÉTAIL DE LA CHEMINÉE DU CHATEAU DE VILLEROY.

(No d'ordre 2)

Nous parlions tout à l'heure d'exubérance dans l'ornementation, de richesse obtenue à force de recherche, ici c'est de sobriété que nous devrions vous entretenir. Les grands artistes français de la Renaissance avaient ravi à l'antiquité grecque le secret de son art, et, grâce à eux, ce ne fut plus au luxe du détail qu'on demanda désormais l'effet grandiose, mais à l'harmonie des contours et à la simplicité des lignes.

C'est au ciseau de Germain Pilon que nous devons la magnifique cheminée du château de Villeroy, qui décore aujourd'hui l'une des salles du musée de la Renaissance au Louvre. Quoi de plus simple, mais aussi quoi de plus grand, que ce splendide foyer de famille. Deux satyres ailés, cuirassés à la romaine, vrais produits fantaisistes, d'une imagination toute nationale, reliefs d'un fini et d'une délicatesse incroyable, dont quelques filets d'or relèvent la blancheur, en l'harmonisant au marbre noir du foyer; deux satyres (c'est l'un d'eux que reproduit notre estampe) soutiennent l'entablement, surmonté d'un retable au milieu duquel se creuse un ovale, en marbre verdâtre; un buste de Henri II par Jean Goujon décore actuellement ce cadre central. Deux femmes portant des couronnes accompagnent ce buste; un fronton coupé termine le tout. Au milieu se groupe un écusson, avec des génies pour tenants; sur une plaque noire, on lit en lettres d'or : PER ARDUA SURGO.

On éprouve devant tout cet ensemble comme une sorte de respect. Au XVIe siècle, le foyer domestique signifiait quelque chose. Dans le principe, c'était le buste d'un Villeroy qui profilait sa silhouette blanche sur ce fond coloré, sans doute celui de Pierre Legendre, prévôt des marchands de Paris, souche de marquis et de ducs, chef de nom, qui disait à ses fils ce que Bossuet devait plus tard exprimer dans un langage si majestueux : « Voyez dans quel sentier la vertu chemine, doublement à l'étroit, et par elle-même et par l'effort de ceux qui la persécutent. » *Per ardua surgo.*

Les Villeroy vivaient à la cour sous Charles IX et Henri III, et si jamais fut étroit « le chemin solitaire et rude » dans lequel le *vir justus* « grimpe plutôt qu'il ne marche, » ce fut bien à l'époque où Nicolas de Neuville, sieur de Villeroy, vit se dérouler sous ses yeux les horreurs de la Saint-Barthélemy. Certes, il avait raison de donner sa devise, comme journalier enseignement, à ceux qui venaient après lui.

Plus on fouille les choses de la Renaissance, plus on trouve à y admirer et à y apprendre.

CALICES DE LA CATHÉDRALE DE VARSOVIE.

(No d'ordre 36)

Au pays des grenades et des oliviers, l'effervescence dans le goût, dans le sentiment et dans la pensée; au pays des neiges, la froideur et la régularité; à l'Espagne, au Portugal, Cordoue, l'Allambrah et Santa-Maria de Bélem; à la Pologne, Krakovie, le château de Zator et le tombeau des Sigismond; au midi le siége de cuir ciselé; au nord le calice du trésor de Varsovie.

L'art s'inspire toujours de tout ce qui l'environne : on dirait qu'en germant dans une terre, il laisse à ses fruits comme une saveur, comme un arrière-goût de ce sol, qui l'a vu pousser et fleurir.

Nos calices ont, sous ce rapport, un cachet tout particulier, qu'il serait trop long d'analyser en cet endroit.

Lorsque l'on étudie l'orfévrerie religieuse, on sent qu'il ne faut pas demander au XVe siècle l'élégance du calice de Saint-Goslin, de Nancy, ni celle des monstrances de la cathédrale de Reims; mais tout en admettant avec le P. Arthur Martin, que « les artistes et les littérateurs de cette époque se sont efforcés de cacher la stérilité des idées sous la profusion des ornements, et ont suppléé comme ils ont pu, aux fortes pensées par la recherche et la coquetterie, » on peut réserver un peu de son admiration pour le travail en filigrane rehaussé d'émail qui fait le fond de nos vases sacrés. Le noir des fonds, le vert des feuillages, le rouge et le bleu des rosaces, font valoir à souhait l'or mat des coupes, dont nous présentons les modèles, et les orfévres modernes trouveront encore facilement à s'inspirer de ces formes, qui, pour être un peu roides, n'en sont que plus dignes, plus sévères et plus saintes.

MEUBLES TYROLIENS.

(No d'ordre 37)

Souvent le paysan, grâce à son intimité constante avec la nature, conserve dans ses usages, dans ses vêtements, dans ses meubles, un je ne sais quoi de frais, d'élégant, de gracieux que n'a su garder l'homme des villes, dont la sensibilité s'émousse, dont les habitudes s'uniformisent, pour ainsi dire, au contact forcé des foules.

L'artiste trouve toujours quelque chose à glaner à la campagne. La table à pieds tournés et la chaise à dossier peint que représente, notre planche, ont précisément cette fraîcheur et cette élégance, et nous avons cru bien faire, en les extrayant du fond des chaumières bavaroises, les croyant dignes de figurer avec honneur, dans les maisons de campagne les plus pimpantes et les mieux atornées. Leur histoire du reste est charmante.

C'est à l'époque si poétique des fiançailles que le jeune garçon qui veut entrer en ménage offre à sa belle ces meubles semés de fleurs, comme son cœur d'espérances. Le jour des noces, il remplira sa charrette de tous ces bahuts, dressoirs, lits et siéges aux tons vifs et colorés, et prenant l'épousée par la taille, la campera fièrement au beau milieu, l'emmenant triomphalement à sa maison. En France, nous avions jadis pareils usages, pareilles coutumes de dons matrimoniaux. M. Champfleury, dans son remarquable ouvrage sur les faïences patriotiques, cite une écuelle de ménage, ornée du portrait de mademoiselle Colinau, en sainte Cécile, sur lequel est écrite cette pièce naïve : *Bourdault Joseph aspire à ce que le nom et le cœur de cel sy dessou passe au sien.* — 1764.

Les Vénitiens donnaient aux fiançailles des coupes, connues sous le nom *d'amatorii*, au fond desquelles étaient des portraits de belles jeunes filles avec leurs noms. *Laura mia.* Les Tyroliens font ordinairement peindre sur les meubles dont nous parlions plus haut, les emblèmes fleuris de leur profession. Généralement les tables sont couvertes d'une grande plaque d'ardoise.

Grattez l'écorce du paysan, souvent vous verrez poindre au-dessous de sa rudesse l'imagination la plus vive et la poésie la plus charmante.

H. DU C.

Typ. Rouge frères, Dunon et Fresné, r. du Four-St-Germ., 43.

SOMMAIRE. — Panneau peint. Grisaille. — Chapiteau de la Porte-Rouge. — Chenet bronze florentin. — Cadre de miroir, bois sculpté. — Flèches de mâts vénitiens.

PANNEAU PEINT. GRISAILLE. — N° 1, L'EAU.

(Nos d'ordre 58 et 59)

L'eau, la terre, l'air et le feu, tels sont les titres des quatre panneaux peints dont nous donnerons successivement le dessin d'après les originaux de Leriche.

Nos pères ont toujours adoré les séries des nombres; *quatre* pour eux, ce fut toujours les quatre éléments; en matière ecclésiastique, les quatre évangélistes. *Douze*, les douze signes du Zodiaque, autrement les douze apôtres; *un*, Dieu seul, et si l'on remonte la chaîne des âges, dans le chant druidique; « la nécessité unique, le trépas père de la douleur, rien avant, rien de plus. »

Nous parlerons, plus tard, à leur temps, de la terre, de l'air et du feu, et nous les rapprocherons d'un bas-relief de Jean Goujon, dont nous devons publier une gravure, et qui traite précisément les mêmes sujets d'une manière toute différente. Aujourd'hui nous allons chercher à analyser *l'Eau* et les ornementations qui l'entourent.

Une parenthèse avant d'entrer en matière. On nous reprochera, peut-être, de toujours vouloir tout expliquer; mais ce défaut, que nous pouvons avouer, n'est que le résultat d'une conviction bien arrêtée de réagir contre la tendance moderne, qui, à force de ne vouloir rien expliquer, au contraire, tombe dans la banalité la plus navrante, met des plantes potagères au-dessous de déesses idéales, des couronnes de lis sur des têtes de satyres lascifs et le lierre des bacchantes sur des figures de vierges pudiques, tendance qui placerait Voltaire entre saint Bernard et Bossuet, Cellini, côte à côte avec Jenner et Parmentier, et peut-être arriverait naturellement à flanquer Jean Goujon de Charles IX et de Monsieur de Guise.

On s'étonne, tout d'abord, de voir dans notre panneau peint, comme principal sujet de décoration, un aigle chargé de représenter l'élément liquide. Sous Louis XVI, nous l'avons déjà dit, l'esprit français s'était tellement aiguisé qu'il arrivait à une espèce de quintessence. L'aigle vole dans les nues, traverse les orages, c'est lui qui va ravir comme Franklin la foudre au ciel. N'est-ce pas des nuages que nous arrive l'onde pure? Quoi de plus simple donc, que de faire supporter une composition aquatique par l'oiseau de Jupiter! En admettant le même esprit, les deux petits musiciens ont également leur raison d'être : est-ce que le murmure de la source n'a pas toujours été comparé par les poëtes à la musique la plus harmonieuse? L'antiquité plaçait auprès des fontaines des nymphes et des dryades, le peintre a cru pouvoir y mettre de silvestres amours modulant sur la flûte des airs champêtres.

Le motif supérieur n'est qu'une reproduction d'un jet d'eau fort commun à cette époque. Au centre du bassin du Luxembourg on peut voir encore, du reste, un exemple de cette vasque soutenue par des amours.

Nous reviendrons, à propos des autres panneaux, sur la disposition si gracieuse des sujets de cette décoration.

CHAPITEAU DE LA PORTE ROUGE.

(No d'ordre 47)

La porte rouge, ainsi nommée à cause de la couleur de ses vantaux, s'ouvrait sur le cloître de Notre-Dame. C'était dans ce cloître que l'on élevait les jeunes enfants de la psallette, ces premiers clercs, ces premiers étudiants d'autrefois. Aussi, dans le fronton de la porte, ne voyons-nous ni jugements, ni Christ vengeur, ni Seigneur, ni damnés, ni démons, mais seulement un père tenant en main le livre, un Dieu enseignant et bénissant. Il n'est pas de notre ressort d'entrer ici plus avant dans une démonstration de la symbolique iconographique des églises du moyen âge, nous ne devons nous occuper que des ornements, et nous contenter d'indiquer ce vaste champ, où l'on nous permettra peut-être de chercher quelquefois une moisson souvent oubliée par des hommes que la simple étude de la forme semble préoccuper spécialement.

La science a presque toujours été représentée au moyen âge par des roses. La première vertu de la cathédrale de Chartres, la vertu par excellence, a sur son écu trois roses posées 2 et 1, et ses pieds reposent sur un parterre de roses. Sur le portail du cloître, la porte de la science à Notre-Dame, nous ne devons donc pas nous étonner de rencontrer des roses; aussi s'enroulent-elles gracieuses autour de la moulure que nous donnons, formant la plus délicate des bordures aux colonnettes si déliées, ornées de chapiteaux d'une élégance et d'une pureté de style exceptionnelles. Nous retournerons à cette porte, plus d'une fois sans doute; elle est trop belle pour ne pas nous fournir nombre de motifs d'ornementation à présenter à nos lecteurs.

CHENET BRONZE FLORENTIN.

(No d'ordre 7)

Lorsque seul, les pieds étendus sur votre âtre, pendant les longues soirées d'hiver, le livre qui vous occupe vous tombe des mains par lassitude ou par ennui, et que vous laissez errer au loin votre rêverie, en considérant sans y penser la flamme qui lèche amoureusement les bûches de votre feu, l'impatience vous prend parfois à la gorge, en contemplant devant ce feu des têtes coiffées d'un casque à visière, ou d'une toque à plumes, des chevaliers, des troubadours, ou parfois même des princes et des princesses, qui sont là béats et stupides, vous montrant leurs yeux morts et se détachant noirs sur le fond rouge du foyer. Quelle pauvreté d'imagination avait donc l'homme qui ne trouva pour gardien de ses cendres, qu'une figure aussi plate de galbe, aussi vide de sens.

A Florence, pareille œuvre eût été conspuée. Alors les ouvriers étaient des artistes. Ils peuvent et veulent le devenir chez nous ; c'est pour cela qu'en leur indiquant du doigt le mal, nous leur montrons auprès l'exemple du bien.

Les voyants aperçoivent dans le feu des combats; les enfants, de leurs petites mains, vous désignent sur le bois brûlant, des cavaliers qui se heurtent; Mars, comme nous le verrons plus tard (à propos du panneau peint qui fait le pendant de celui que nous donnons en tête de cette livraison), Mars c'est le feu. Nos chenets sont surmontés l'un d'une guerrière armée d'un arc, l'autre d'un homme le glaive en main. Commencer des chevaux à la crinière hérissée, aux naseaux fumants, les terminer en enroulements fantastiques, faire naître de ces enroulements des femmes courbées dans la plus gracieuse des ondulations et surmonter ces femmes de serpents entortillés, n'est-ce pas simuler la flamme avec une verve pleine d'*humour;* parsemez le tout de masques indéfinissables, faites trôner au sommet la bataille et vous aurez une pensée fougueuse rendue avec un charme inouï. Vous aurez la vie où, tout à l'heure, se trouvait la mort; vous aurez ce que l'on doit toujours chercher dans une matière quelconque travaillée de main d'homme, une âme.

CADRE DE MIROIR SCULPTÉ ET DORÉ.

(Nos d'ordre 3)

L'espace nous manque pour nous étendre aujourd'hui sur ce style Louis XIV, style si complétement français et tellement caractéristique dans son genre, que les Chinois, auxquels nous semblons n'avoir fait qu'emprunter toute chose, nous l'envièrent et se firent à leur tour nos imitateurs. Lorsque nos troupes entrèrent au Palais d'été, dans la dernière guerre contre le Céleste Empire, elles furent très-étonnées de rencontrer au beau milieu des jardins du Fils du ciel, des constructions en style Louis XIV. Sur les cuirs japonais au milieu des fleurs les plus exotiques, on retrouve les LL entrelacés du Roi soleil. Il y a là des rapprochements sur lesquels nous comptons revenir plus tard.

FLÈCHES DE MATS VÉNITIENS.

(No d'ordre 38)

C'est plutôt comme modèles d'épis et d'aigrettes que nous donnons ces flèches en fer battu, que comme pointes de mâts vénitiens ; elles sont de la sorte d'une utilité plus immédiate.

Chez les peuples du nord, la décoration des toitures a toujours été en grand honneur. Autrefois, le droit de girouette au faîte des maisons était un privilége de la noblesse. Maintenant que grâces aux Dieux,

Tout bourgeois *peut* bâtir comme les grands seigneurs,

nous semblons vouloir nous dédommager à la campagne de l'alignement et de la régularité convenue des villes, chacun a sa petite tourelle, partant son petit toit aigu ; chacun a son droit de girouette et en use. Chercher des types était un devoir pour nous; il nous en est venu d'Italie. Qu'on parvienne à les franciser en s'inspirant des modèles si fins qui nous restent à Paris, à Rouen, à Fougères, à Vitré et ailleurs, c'est ce dont nous n'oserions douter.

La girouette est chez nous d'une acclimatation toujours excessivement facile.

H. du C.

Paris. — Typ. Rouge frères, Dunon et Fresné, rue du Four, 43.

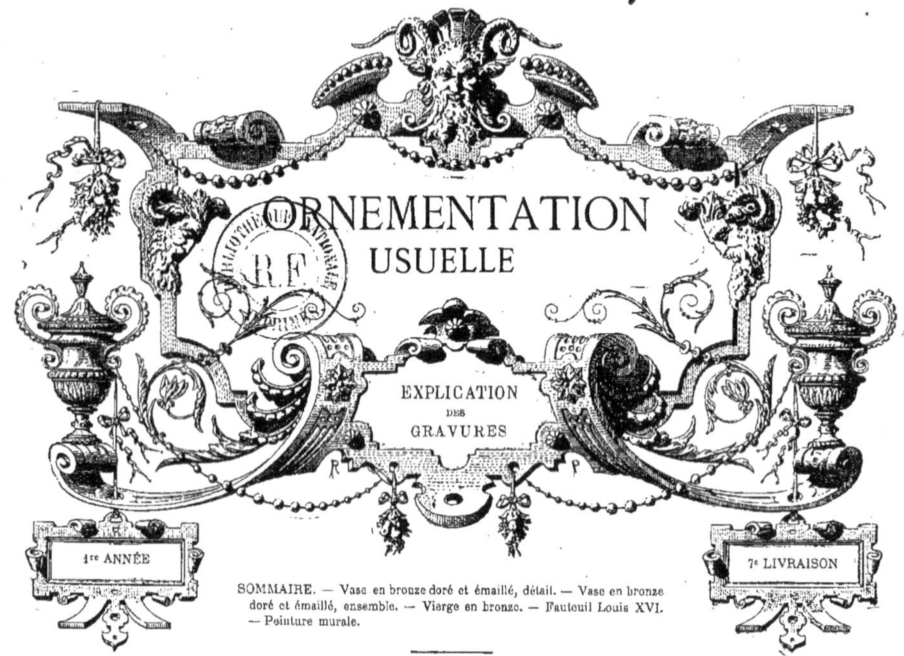

SOMMAIRE. — Vase en bronze doré et émaillé, détail. — Vase en bronze doré et émaillé, ensemble. — Vierge en bronze. — Fauteuil Louis XVI. — Peinture murale.

VASE EN BRONZE DORÉ ET ÉMAILLÉ.

ÉMAIL CLOISONNÉ.

(Nos d'ordre 43, 44 et 42)

Nous avons donné, dans une de nos précédentes livraisons, un riche spécimen de l'émaillerie champlevée de Limoges. (Voir la châsse de sainte Fausta dans la quatrième livraison.) Les procédés de l'ornementation du cuivre et du bronze par l'application du verre coloré étaient de tradition chez les peuples d'occident comme chez les peuples orientaux. On dirait que les premiers ont même conservé comme un souvenir de la riche nature, qu'avaient dû connaître jadis ceux qui furent leurs pères, et qu'ils s'efforcèrent, principalement dans la décoration qui nous occupe, de retrouver comme un reflet de la végétation des pays du soleil. La châsse dont nous parlions tout à l'heure est complétement orientale d'aspect, grâce à ses riches rinceaux, à ses volutes ornées, à ses grandes fleurs d'or épanouies au milieu de l'azur de son émail. M. Labarte, dans son histoire des arts industriels, cite un vase gaulois émaillé, vase trouvé en Angleterre et qui a malheureusement péri dans un incendie. Philostrate, d'ailleurs, n'écrivait-il pas, vers le troisième siècle : « On dit que les barbares des bords de l'Océan étendent des couleurs sur de l'airain ardent, qu'elles y adhèrent, deviennent aussi dures que la pierre, et conservent le dessin qu'on y a représenté. »

Les orfévres de Limoges ne furent que des continuateurs, ils perfectionnèrent peut-être, mais n'inventèrent pas.

Comme terme de comparaison, avec leur brillant ouvrage, nous sommes heureux de pouvoir montrer à nos lecteurs, aujourd'hui, un type d'une incontestable pureté. Le vase chinois, provenant de la collection de M. Galichon, dont nous donnons l'ensemble d'abord et le détail chromolithographié, est un des plus beaux connus. C'est un émail cloisonné, c'est-à-dire, un émail fabriqué en introduisant le verre coloré par des oxides métalliques dans des cloisons de métal appliquées sur le fond de l'objet.

« Tout en est admirable, dit M. Burty dans ses chefs-d'œuvre des arts industriels : la forme, qui peut lutter avec celle des plus sévères vases étrusques; le ton, qui est harmonieux comme celui d'un châle de cachemire; la matière même qui, insensiblement rugueuse et piquassée, c'est-à-dire, piquée de petits points par les bulles d'air qui ont crevé pendant la cuisson, retient la lumière et atténue le reflet trop vif. »

On ne peut que s'abandonner les yeux fermés à l'enthousiasme, après un juge aussi compétent.

VIERGE EN BRONZE.

(N° d'ordre 35)

Nous possédons en France très-peu d'œuvres de Benvenuto Cellini. Il n'est guère connu de nous que par le grand bas-relief en bronze de la nymphe de Fontainebleau, qui décorait autrefois la porte du château d'Anet, et dont s'est enrichi depuis le musée de la Renaissance au Louvre. Florence montre avec un juste orgueil le Persée dont la fonte coûta tant de peine au vaillant artiste; ses autres sculptures sont dispersées dans les riches collections des princes de l'Europe; celle que nous donnons se cache au fond d'un des appartements du palais de François Ier. C'est un bonheur pour nous de l'en extraire, elle en vaut certes la peine.

Naïveté douce dans la figure de l'enfant, délicatesse caressante dans celle de la mère. Telles sont les qualités exquises de ce bronze digne en tout point de servir de modèle à nos modernes. Benvenuto adorait les anges, il en couvrait ses fonds et jusque les manteaux de ses personnages. Le nimbe de notre Vierge est semé de petites têtes angéliques, sur son vêtement se brodent de séraphiques figures ailées. Il décrit dans ses mémoires, cet inconcevable roman, une autre de ses œuvres où fourmillent de même les petits chérubins de ses rêves. Nous croyons être agréable au lecteur, en en faisant ici le rapprochement; il indiquera, ce nous semble, davantage une des faces riantes de ce grand donneur de coups d'épée. Quand on a dans la vie d'un artiste des choses douces à opposer aux forfanteries brutales, il est toujours bon de les mettre en lumière : jeter le manteau sur les vices du génie est œuvre louable. Il s'agit d'un bouton de chape que lui commanda le Pape : « Sur le diamant, c'est Benvenuto qui parle, que j'avais placé exactement au milieu de ma composition, était assis Dieu le père dans une attitude dégagée en harmonie avec l'ensemble des morceaux. De sa main droite il donnait sa bénédiction, le diamant était soutenu par les bras de trois petits anges, j'avais modelé celui du milieu en ronde bosse et les deux autres en demi-relief; alentour une foule de petits enfants se jouaient parmi d'autres petites pierreries. Dieu était couvert d'un manteau qui voltigeait, d'où sortaient quantité de petits anges et divers ornements. » Il y avait des jours où ce grand songeur avait tout un paradis d'amour au fond du cœur, c'était sans doute un de ces jours qu'il créa notre admirable Vierge.

FAUTEUIL LOUIS XVI.

(N° d'ordre 46)

Les siéges en X, les faisceaux, les foudres, les boucliers d'amazones, les palmes, les lauriers, la roideur, la sécheresse, la monotonie surchagée d'ornements du style de l'empire, descendent en droite ligne de la primitive régularité de l'époque de Louis XVI. Mais pour être débarrassé de ceux-là, comment ne vanterait-on pas celle-ci. La mode y pousse, guidons la mode, peut-être reviendrons-nous par elle à des motifs plus opulents et plus larges, comme au siècle de Louis XIV, à des données plus grandioses, comme à l'époque de la renaissance. Ce style Louis XVI, malgré sa prestance gourmée, a d'ailleurs un charme. C'est la coloration, cet or sur ce blanc, ces tapisseries si fraîches, dont Beauvais à cette époque avait surtout le secret, forment par leur ensemble un tout plein de fraîcheur. Si les jeunes filles choisissaient elles-mêmes l'ameublement de leurs chastes boudoirs, c'est sans doute à cette époque qu'elles iraient demander leur petit lit blanc, leurs crédences à corbeilles, leurs chaises et leurs fauteuils. Que le nôtre obtienne la consécration de leur goût, c'est le premier de nos désirs.

PEINTURE MURALE.

(N° d'ordre 29)

La peinture murale est aussi nécessaire à l'effet voulu des vitraux coloriés, que les premiers plans sombres aux lointains vaporeux du paysage. On y revient, mais ce n'est pas aux essais versicolores de nos grands architectes qu'il faudrait envoyer les partisans quand même du badigeon traditionnel. L'Italie est restée maîtresse en fait de goût, aussi c'est à elle que nous empruntons notre premier modèle en ce genre. Nous regrettons de ne pouvoir donner qu'un aperçu des teintes de cette remarquable peinture qui, simulant une draperie pleine de richesse, entoure la cathédrale entière de saint François d'Assise.

Les ornements noirs de notre dessin sont : dans l'un, jaunes sur un fond violet; dans l'autre verts, sur fond noir; dans les rosaces qui les divisent le brun rouge et le vert clair dessinent les contours des feuillages laissés en blanc, le fond du premier est jaune doré, celui du second, violet sombre.

Il y a loin de ces teintes calmes et sobres aux extravagances de certains essais contemporains. Une église ne doit pas ressembler au visage tatoué d'un sauvage ou au costume éclatant d'un saltimbanque. Un temple est un lieu de recueillement, c'est ce dont quelques architectes semblent se soucier fort peu.

H. du C.

Paris. — Typ. Rouge frères, Dunon et Fresné, rue du Four, 43.

ORNEMENTATION USUELLE

DE TOUTES LES ÉPOQUES

S'adresser, 146, rue de Vaugirard, à Paris, pour tout ce qui regarde l'administration, pour tout ce qui regarde la rédaction, à M. HENRI DU CLEUZIOU, à la même adresse; et pour les abonnements, à MM. DEVIENNE ET Cie, éditeurs, 18, rue Bonaparte, Paris.

SOMMAIRE : Au lecteur. — *Les Arts Parisiens*, A. LUCHET. — *De l'Ameublement*, E. GUICHARD. — *Exposition universelle.* — Actes officiels. — Emploi de l'huile de pétrole en peinture. — *Bernard Palissy*, JEAN DU BOYS.

AU LECTEUR

L'Exposition universelle ! Telle est la préoccupation de tous ceux qui s'occupent d'Art ou d'Industrie, aux premiers jours de cette année 1867, dont la date restera, nous le croyons, célèbre dans les Annales de l'histoire des rénovations artistiques.

Ce grand fait exceptionnel étend nécessairement notre tâche.

A nous qui étudions spécialement l'ART INDUSTRIEL, et qui cherchons, dans nos modèles, non pas la récréation simple des yeux, mais bien le but utile à l'ouvrier artiste dans quelque branche qu'il se trouve; à nous, dis-je, il fallait UN ORGANE PARTICULIER, où, de la comparaison des travaux modernes avec les œuvres anciennes, jaillît une appréciation sérieuse et sans parti pris, un jugement utile et profitable de tous points : qu'il se termine par un blâme motivé, ou par un éloge véritablement mérité.

Nous avons donc résolu d'ajouter, pendant toute la durée de l'Exposition, à notre publication mensuelle, un SUPPLÉMENT de texte qui renfermera; 1° un compte rendu spécial de l'Exposition; 2° l'histoire des différentes branches de l'art industriel tendant à en constater le progrès et la décadence; 3° des gravures explicatives.

Nous nous efforcerons de tenir nos lecteurs au courant de tout ce qui paraîtra digne de remarque dans l'Art Industriel au palais du Champ de Mars.

Le meuble, la céramique, la ciselure, la serrurerie, l'orfévrerie, etc., etc., rien ne sera négligé : nous sommes éclectiques.

Machines qui diminuent le travail et facilitent l'expression de la pensée; outils ingénieux; recettes de teintures et autres; expériences chimiques; moyens de perfectionnement de toutes sortes, en un mot, voilà notre cadre et vous voyez s'il est vaste. Inutile de dire, que les nouvelles officielles auront de droit leur place dans cette chronique.

La tâche était lourde, nous nous sommes adjoint des collaborateurs. Lorsque l'on porte à l'édifice une pierre de fondation, il est quelquefois bon de ne pas être seul. MM. Auguste Luchet, Emile Reiber, Henri du Cleuziou, nous ont déjà promis leur bienveillant concours.

Il nous est donc permis d'espérer que le supplément de l'année 1867 ne retardera aucunement la marche de l'ORNEMENTATION USUELLE, mais ne fera que l'activer au contraire.

C'est là notre but, et notre plus grand désir est de l'atteindre pleinement.

R. PFNOR.

LES ARTS PARISIENS.

LE MEUBLE

On lit dans le dictionnaire de Boiste, qui est encore un des bons : « MEUBLE, tout ce qui sert à garnir, à orner une maison, *sans en faire partie.* » C'est assez élastique. Ainsi donc, un tableau est un meuble ; une statue est un meuble ; le lustre en cristal de roche de la salle du Trône, à Fontainebleau, qui vaut deux cent mille francs, est un meuble ; tous les bronzes, toutes les orfèvreries, toutes les joailleries, tous les émaux, presque tous les marbres, tout Sèvres, tout Dresde, toute la Chine, tout le Japon, sont des meubles ; meubles aussi les Gobelins, etBeauvais, et Aubusson, et Saint-Gobain, et Saint-Quirin, et saint Louis, et Baccarat, et les blancs miroirs à l'argent des Brossette, et les verres gravés de Bitterlin. Que sais-je ! Toute la mécanique qui n'est pas bâtie à briques et à ciment, est meuble. Une horloge est un meuble, une locomotive est un meuble. Toute la musique aussi, et ses instruments. Les livres ne sont que cela : romanciers d'Angleterre et de France, poëtes géants, raconteurs colosses, Moïse, Mahomet, Confucius, Shakespeare, Hugo, Dante, Goëthe, penseurs avec qui la nature a conversé, philosophes dans l'abstrait et le concret, astronomes, voyageurs, naturalistes inventeurs de mondes, historiens inventeurs de batailles, n'ont travaillé, n'ont couru, n'ont souffert, n'ont médité, n'ont vécu que pour nous meubler. Et encore les livres ne seraient pas même cela sans le relieur, leur tailleur et leur bijoutier, qui les bat, les coud, les colle, les rogne, leur met des images et les habille si richement que plus jamais ceux qui les ont ne les ouvrent. Les armes sont des meubles : ce qui tue comme ce qui fait naître ; de même que le berceau, comme la bière. Pour nous meubler on chasse les bêtes féroces, on emprisonne et on éduque les bêtes domestiques. Jules Gérard fut un tapissier de descentes de lit : meubles la peau du lion, la peau du tigre, la peau de l'ours. Et la voiture étant un meuble, meubles évidemment sont les chevaux qui la traînent, et le chien, aboyeur servile, qui court devant les chevaux. Meuble sur son bâton l'oiseau vert qui parle là-bas ; meuble dans sa cage l'oiseau jaune qui chante là-haut ; meuble la belle esclave qui sert aux plaisirs abrutis du sultan, meuble hier encore notre frère noir qui pleurait et priait chez les Américains du Sud. Meuble le crucifix, meuble la chaire ; meuble l'autel ; meuble enfin tout ce qui n'est pas denrée, ballot, récolte pendante par racines, champ, forêt, garenne, étang, château ou cabane, prison ou maison.

Tout dire serait trop, en vérité, et la besogne aurait plus que la mesure du bras ! Tenons-nous-en, pour l'heure, au meuble proprement dit, ou *meuble meublant*, qui est le meuble en bois, le meuble de Paris, tout au plus celui de Bordeaux, ou de Lyon, ou de Nantes. Et *ce sera du mal assez* pour parler comme en Belgique, un pays de grande sagesse, et bien meublé, quoiqu'on en babille et s'en raille chez nous, sans jamais trop avoir su pourquoi.

Le style, c'est l'homme, disons-nous de ceux qui écrivent. Il y aurait fort à voir là-dedans, n'en déplaise aux gens de Montbard, qui jurent encore par M. de Buffon. *Le meuble, c'est l'homme ;* voilà qui vaut mieux, à mon avis. Laissons, bien entendu, à leur mécompte et, faute de pouvoir, à leur misère ceux qui durement et nécessairement nichent et gîtent dans les meubles que la famille, le voyage, le ménage, une maîtresse, un maître, le *garni*, le collége, le commerce ou le hasard leur imposent. Parlons ici de l'homme libre et de bonnes mœurs qui, de son vouloir et de son choix, son propre argent à lui dans la poche, marche et marchande par la rue de Cléry, les boulevards et le faubourg, en la solennelle enquête d'un mobilier. Le *faubourg*, en ces mots, signifie faubourg Saint-Antoine ; nul ébéniste ne l'appelle autrement. Au bois de lit, aux clous des fauteuils que choisira cet homme, nous devons pouvoir dire ce qu'il est ; habitué à l'opulence ou parvenu tout frais, de Paris ou de la province, raisonnable ou viveur, rentier ou artiste, homme d'esprit ou idiot. Marié, de même, ou non marié. C'est sûr comme les gants, les breloques et la canne. Allez plutôt voir à l'hôtel des Ventes ; tout crieur vous dira qu'il se fait fort, à chaque adjugé, d'écrire sur le bulletin l'état civil de l'acheteur. On aime à vivre avec son semblable, c'est d'instinct ; massif ou plaqué, d'apparence ou de fond : analogiquement, homogénéiquement.

Le meuble, c'est aussi le temps, c'est l'époque. Qui ne saisit les rapports qui se trouvent entre le défait des mœurs Louis XV et le débraillé de leurs meubles ? Qui ne verra tout de suite le rappel impuissant et impossible aux antiques puretés républicaines dans les lignes froides et rigides du mobilier du Consulat, caricature en langue morte, continuée par l'Empire jusqu'au dégoût et à l'abrutissement ? L'ameublement est le vêtement de la vie, me disait un jour Mazaroz, un grand artiste de la fabrique ; on montre dans ses meubles son goût et la qualité de son esprit : ce sont là d'irrécusables témoins, accusateurs ou glorificateurs de qui les possède. Mazaroz a connu des jeunes gens qui ont mis patiemment six ans à meubler leurs trois chambres de garçon, aimant mieux se passer longtemps de commode et de lit que d'avoir à toute heure le regard mis en pénitence par les lignes banales et bêtes des affreuses boîtes en bois blanc sur lesquelles on colle du bois rouge au lieu de papier ; simulacres indignes, honteuses parodies de la bonne vieille ébénisterie parisienne, dont un commerce inqualifiable infeste en notre nom la meilleure moitié du globe. C'est de l'élégance à bon marché, disent déplorablement les malheureux qui ont par démence le goût de ces vilenies ! Double imposture, à mon gré ; car de l'élégance je n'en vois point trace en ces bahuts misérables, et où donc serait le bon marché de meubles qu'on n'ose déplacer de peur de les écorcher, et qui tombent en pièces dès que la colle, leur unique attache, a perdu sa cohésion chétive ? C'est couper effrontément les petites bourses que de leur vendre de telles choses, et si jamais nous en parlons, ce sera pour souhaiter de toutes nos forces l'abolition d'une fabrication sans profit et sans honneur, ruine pour ceux qui s'en servent, famine pour ceux qui la font. Seul le marchand s'en tire, mais ce n'est pas lui qui nous importe.

Il va sans dire que ceci ne touche point au meuble plaqué beau et bon. Celui-là aura, le temps venu, nos études et nos hommages. Il est rare et difficile à faire ; ce sera donc une raison de plus.

Mais d'abord voyons le meuble massif, dans ce qu'il fut et dans ce qu'il est.

Un célèbre architecte, qui est de plus un savant et un écrivain, M. Viollet-le-Duc, a fait un répertoire du vieux mobilier, ouvrage que le monde profane connaît peu ou point, ayant été tiré à nombre sage et petit. Cet ouvrage abonde en renseignements précieux. Nous y avons puisé sans remords ; c'est où les choses se trouvent qu'il faut nécessairement les prendre.

Avant le seizième siècle, tout de lumière, qui vit renaître les arts et mettre au monde un ameublement véritable et superbe, il n'y avait pas de meubles d'appartement proprement dits. Des boiseries, des stalles, des bancs, des lits, des armoires et des tabourets, c'était à peu près tout le mobilier. Les belles pièces avaient un caractère immobile et monumental, ayant été faites pour des palais, pour des couvents, pour des églises. La pente de l'appui, cette faute d'architecture, était inconnue dans les siéges; le dossier montait droit comme une aiguille ou se ployait à grande hauteur comme un dais; c'était orthopédique, mais ce n'était pas commode. Le *comfortable* — point de mot français qui vaille cet anglais, — ne se trouvait que dans la couche et les coussins, lesquels nous venaient des Romains avec la draperie; lesquels Romains les avaient reçus des Grecs, et ceux-ci des Égyptiens, et les Égyptiens des Indiens très-probablement. Le matelas de laine ni l'oreiller de plumes ne sont d'hier, comme on voit.

Les châteaux avaient de grandes salles dans lesquelles, selon le besoin et les hôtes, on pratiquait des *clotets* ou pavillons, sortes de chambres postiches en tapisserie. La même pièce donnait ainsi un salon et une ou plusieurs chambres à coucher. Le lit lui-même était une construction, une vraie chambre, avec son estrade, ses balustres, et sa vaste ruelle entre la couche et la muraille, où les intimes s'assemblaient, assis à terre sur le tapis ou sur des carreaux de senteur. On ne connut l'alcôve qu'au seizième siècle. Cette somptueuse tente pour le sommeil d'un côté, la grande cheminée historiée de l'autre; des dressoirs appliqués au mur; une table; la chaise du maître, siége d'honneur seul complet; pour les femmes ces carreaux ou *quarreaux*, pour les hommes de longs bahuts qui servaient de bancs; tapisseries, cuirs, nattes; draperies chaudes et immenses, coupées géométriquement, de façon à produire des effets de pli et des retombées d'une richesse et d'une ampleur qu'on ne connaît plus, cela ne faisait point un intérieur laid, et ces vieux logements valaient bien les neufs.

On ne sait plus guère que par les images comment étaient les meubles en bois d'avant la Renaissance. La collection du Musée de Cluny remonte au quinzième siècle à peu près, et ces rares débris du moyen âge sont devenus si chers que l'État n'ose pas s'en passer la fantaisie. L'exposition rétrospective de 1865 en avait exhumé quelques-uns qui reparaîtront sans doute, et peut-être accompagnés, à celle de 1867. Les temps carlovingiens ont laissé un lit en bronze à sangles et tout simple qui semble avoir servi de modèle à notre Gandillot et notre Léonard pour leurs excellents lits en fer creux et en fer plein. Le nouveau n'est toujours que le renouvellement de l'ancien. Ce lit en bronze était un lit de repos pour le jour; les vrais lits consistaient en des ouvrages tout autres, magnifiques par le luxe et la variété de la matière. Métaux, bois précieux, ivoire, corne rare, pierres et pierreries, tout ce qui coûtait cher y servait.

AUGUSTE LUCHET.

(*La suite au prochain numéro.*)

Nous croyons être agréables à nos lecteurs en reproduisant la remarquable conférence que M. E. Guichard, président de l'Union centrale des Beaux-Arts, a faite l'été dernier dans les salons de la place Royale. R. P.

DE L'AMEUBLEMENT

ET DE

LA DÉCORATION INTÉRIEURE DE NOS APPARTEMENTS

MESDAMES ET MESSIEURS,

J'ai de doubles excuses à vous faire, d'abord pour avoir, bien involontairement il est vrai, manqué une première fois au jour fixé pour cette lecture, ensuite pour l'avoir remise à l'une de ces soirées si ordinairement chaudes du mois de juin, au lieu de la renvoyer à l'hiver prochain ou même, ce qui eût été préférable peut-être, aux calendes grecques.

Et, croyez-le, en vous disant cela, je ne fais point de fausse modestie. J'exprime une pensée vraie, profondément sentie par moi. Ce n'est pas sans de vives appréhensions que je me suis décidé, non plus comme président de l'Union centrale, mais comme professeur, à affronter les dangers de cette redoutable tribune, déjà illustrée, j'ose le dire, par des talents d'une notoriété européenne.

Et quels sujets encore traitaient ces voix autorisées? Des sujets puisés dans les sphères sereines de l'esthétique et de l'histoire de l'art, thèmes développés avec une science amoureuse du beau, où la parole de l'orateur, lors même qu'elle se passionne en exaltant les œuvres les plus parfaites du passé, reste toujours dégagée des intérêts matériels et immédiats de la vie.

Combien différente et plus dangereuse est la tâche que j'entreprends aujourd'hui! Je viens parler devant des artistes, des industriels, des gens du monde, de l'ameublement et de la décoration intérieure de nos appartements, tels qu'ils sont trop souvent, tels que, suivant moi, ils devraient toujours être.

Je viens donc ainsi, bravant un proverbe bien connu, disputer des goûts et des couleurs, de vos goûts et de vos couleurs.

Mesdames, messieurs, si nous avions jamais, vous et moi, prêté une autorité indiscutable à cet aphorisme de la sagesse des nations, il est à croire que vous auriez beaucoup mieux aimé passer votre soirée ailleurs; et moi, bien certainement, je me serais gardé de prendre pour la conférence d'aujourd'hui le sujet que je me propose d'effleurer devant vous.

Quel autre, en effet, prête davantage à la controverse? Quel autre comporte tout un ordre de choses qui nous touche de plus près; car n'est-ce pas au milieu de ces choses que nous passons la meilleure partie de notre vie? Et de quel œil me regarderez-vous, quelle opinion aurez-vous de mon goût si, par hasard et sans le vouloir, je blâme le vôtre, si, de rencontre et sans les connaître, je critique les objets dont il vous a conseillé de vous entourer?

Cependant toute chose a sa loi et sa règle, sa convenance et sa raison d'être. C'est un de ces axiomes dont, pour le coup, nul ne songe à contester la vérité éternelle, philosophique, nécessaire, universelle.

Il s'agit de dégager des choses dont nous allons nous occuper, et de mettre en lumière ces lois, ces règles, ces convenances, ces raisons d'être.

C'est ce que nous allons nous efforcer de faire.

Nous voici dans une de ces larges voies tout inondées d'air et de lumière, monumentales hier encore, aujourd'hui à peine suffisantes, dont nous ont dotés la haute raison et la prévoyante volonté du chef de l'État, si heureusement secondées par un de nos plus grands édiles.

Regardez les façades de ces maisons. N'est-il pas vrai, quoi qu'en puissent dire des esprits chagrins, exclusifs admirateurs du passé, contempteurs systématiques du présent, que plusieurs d'entre elles sont vraiment belles? Que les lignes générales y sont bien pondérées? Que les détails en sont heureux? Que la sculpture décorative s'y marie agréablement à l'architecture? Mais ne nous attardons pas à la contemplation de ces qualités extérieures. Franchissons le seuil de la porte et voyons si l'intérieur répond à ces beaux dehors. Entrons.

La température n'est plus celle que je quitte à l'instant; un courant d'air froid m'enveloppe et me glace. D'où vient cette brusque et fâcheuse transition? De l'absence d'une cloison vitrée qui devrait séparer l'entrée de la rue de celle de la cour intérieure.

Montons bien vite... Nous voici dans une première pièce; c'est ce que l'on continue de nommer le vestibule. Dans ce réduit insuffisant, l'obscurité a remplacé la lumière de jadis. Traversons-le sans regret et entrons dans la salle à manger, la salle à manger du dix-neuvième siècle!... Et ici, par une heureuse rencontre, il en existe deux : celle des jours ordinaires et celle des jours de gala.

Dans la première, les siéges et les rideaux sont en reps de laine, des panneaux en papier velouté. De petites étagères supportent de petites tasses d'enfants et de hautes curiosités de poupées... Qu'êtes-vous devenus, ô nos beaux plats décoratifs d'autrefois, et pourquoi n'êtes-vous pas là, ceux de nos maîtres potiers d'aujourd'hui?

Un lustre suspendu au plafond traîne presque sur la table. Ou changez ce lustre contre un plus petit, ou faites un plafond à sa taille. Le premier moyen est plus simple; le second, plus coûteux. Vitellius l'a pratiqué. Vous connaissez l'histoire. Des pêcheurs lui avaient fait hommage d'un poisson de telle dimension qu'il ne se trouva pas de plat assez grand pour le recevoir. Il en fit faire un. Quant à la façon de l'accommoder, les Pères Conscrits furent consultés. Berchoux l'a écrit :

> Le Sénat mit aux voix cette affaire importante,
> Et le Turbot fut mis à la sauce piquante.

Mais quelle odeur nous arrive? ne sentez-vous rien? Déjà, si Brillat-Savarin a dit vrai, vous pouvez dire au maître de céans ce qu'il est, car vous savez ce qu'il mange, ce qu'il a mangé hier, du moins. Ces siéges en reps, ces rideaux en reps, ce papier velouté, autant d'éponges gourmandes et indiscrètes qui ont gardé les parfums et racontent le menu du repas de la veille. Ainsi, sur les vieux palimpsestes, sous l'écriture des moines du moyen âge, vous voyez parfois apparaître quelque mention des choux au lard dont Horace régalait les paysans de la Sabine, ses bons voisins de campagne.

Mais passons dans la salle à manger d'apparat, et voyons comment les décorateurs du jour, qui règnent despotiquement chez nous, nos maîtres tapissiers enfin, combinent et règlent nos intérieurs. Ici, ils ont visé au sérieux. Encore des rideaux aux teintes sombres et sévères, la table, les siéges, les panneaux, les buffets, tout cela est en bois noir teint. C'est évidemment une salle à manger de première classe. Pour la compléter, il ne faudrait que quelques panaches noirs sur le fronton des meubles, et tandis que les convives seront à table, qu'on y porte le cercueil que l'antique Égypte promenait autour de ses festins! Cela sera gai, cela excitera à assaisonner les bons plats de bons mots, et avec quelle énergique plénitude agira ici ce digestif gaulois qu'on nomme le rire!

E. GUICHARD.

(La suite au prochain numéro.)

EXPOSITION UNIVERSELLE DE 1867

A PARIS.

ACTES OFFICIELS

COMMISSION IMPÉRIALE

Arrêté concernant l'admission et l'envoi des œuvres d'art.

Le Ministre d'État, vice-président de la Commission impériale,

Vu le règlement général délibéré par la Commission impériale le 7 juillet 1865 et approuvé par décret impérial en date du 22 juillet 1865;

Vu les articles 18, 19, 20 et 21 dudit règlement concernant l'admission des œuvres des artistes français et étrangers;

Vu l'arrêté du 12 mai 1866;

Vu les observations d'un certain nombre d'artistes français sur les inconvénients de la date fixée pour le dépôt de leurs ouvrages par l'arrêté susvisé,

Arrête :

ART. 1er. Les artistes français devront déposer ou faire déposer, au palais de l'Industrie (Champs-Élysées), du 1er au 15 décembre 1866, une déclaration écrite, signée par eux, des ouvrages qu'ils désirent exposer au palais du Champ de Mars, déclaration contenant la désignation des œuvres et leurs dimensions.

ART. 2. Le jury nommé conformément aux articles 4, 5, 6 et 7 de l'arrêté du 12 mai 1866 examinera du 18 au 25 décembre 1866 ces déclarations, et admettra d'après elles les œuvres d'une notoriété incontestable, sans en exiger le déplacement avant l'époque fixée ci-dessous à l'article 4.

ART. 3. Les artistes qui, le 1er janvier 1867, n'auront pas reçu avis de l'admission des ouvrages dont ils auront fait la déclaration conformément à l'article précédent, devront déposer et faire enregistrer leurs œuvres du 5 au 20 janvier au palais des Champs-Élysées.

ART. 4. Les ouvrages acceptés antérieurement par le jury sur la déclaration des artistes devront être déposés par les artistes eux-mêmes, ou par leurs fondés de pouvoirs, et enregistrés au palais des Champs-Élysées du 15 au 25 février.

Paris, le 29 septembre 1866.

Le Ministre d'État, vice-président de la Commission impériale,

E. ROUHER.

AVIS.

Les artistes qui désirent présenter à l'Exposition universelle de 1867 des ouvrages qui ont été acquis par le Gouvernement, sont invités à faire connaître dès à présent leur intention par lettre adressée à M. le surintendant des Beaux-Arts. Ils ne devront désigner que des œuvres exécutées depuis le 1er janvier 1855, et n'ayant pas fait partie des expositions de cette dernière année.

Avis sera immédiatement donné aux artistes de la décision de l'Administration, en ce qui concerne les ouvrages actuellement placés dans les musées impériaux ou dans les locaux dépendant du service des Beaux-Arts, afin qu'ils puissent, s'il y a lieu, comprendre ces ouvrages dans les listes qui doivent être déposées au palais des Champs-Élysées du 1er au 15 décembre prochain, pour être soumises au jury de l'Exposition universelle du 18 au 25 du même mois.

Quant aux œuvres placées dans les musées des départements, l'Administration des Beaux-Arts ne pourra que désigner aux artistes les musées qui les ont reçues; et ils auront alors à faire auprès des administrations locales les démarches nécessaires pour en obtenir l'envoi à l'Exposition universelle.

AVIS

MM. les artistes étrangers résidant en France et non naturalisés Français sont prévenus que les ouvrages qu'ils sont dans l'intention de présenter à l'Exposition universelle des œuvres d'art qui aura lieu au Champ de Mars en 1867, ne pourront être admis qu'avec les ouvrages de leurs nationaux, conformément à l'article 5 du règlement général approuvé par décret du 12 juillet 1855. Ils devront en conséquence se mettre sans délai en rapport avec les commissions instituées dans leur pays pour se faire comprendre au nombre des exposants de leur nationalité.

Les artistes étrangers naturalisés pourront seuls exposer avec les artistes français et prendre part à l'élection du jury français en justifiant de leur naturalisation. Faute de remplir cette formalité, leurs ouvrages ne pourraient être soumis au jury.

LISTE

des membres français du jury spécial institué pour le nouvel ordre de récompenses. (Titre IV du règlement.)

S. Exc. M. ROUHER, ministre d'État, vice-président de la commission impériale;

S. Exc. M. BÉHIC, ministre de l'agriculture, du commerce et des travaux publics, vice-président de la commission impériale;

S. Exc. M. le maréchal VAILLANT, ministre de la maison de l'Empereur et des beaux-arts, vice-président de la commission impériale;

S. Exc. M. MAGNE, membre du conseil privé;

S. Exc. Mgr DARBOY, archevêque de Paris, grand aumônier de l'Empereur, sénateur;

M. SCHNEIDER, vice-président du Corps législatif;

M. ALFRED LE ROUX, vice-président du Corps législatif;

M. PAULIN TALABOT, député au Corps législatif;

M. F. LE PLAY, conseiller d'État.

EXTRAIT

De la Liste des membres français du Conseil supérieur, présidents et vice-présidents des neuf jurys de groupe, institués pour les produits de l'agriculture et de l'industrie.

1er GROUPE. — Œuvres d'art.

Président : M. le comte DE NIEUWERKERKE, sénateur, surintendant des Beaux-Arts, membre de la commission impériale.

2e GROUPE. — Matériel et application des arts libéraux.

Président : M. ÉLIE DE BEAUMONT, sénateur, secrétaire perpétuel de l'Académie des sciences.

3e GROUPE. — Meubles et autres objets destinés à l'habitation.

Vice-Président : M. DENIÈRE, ancien président du tribunal de commerce de la Seine et membre du conseil municipal de Paris.

4e GROUPE. — Vêtements (tissus compris) et autres objets portés par la personne.

Vice-Président : M. ARLÈS DUFOUR, membre de la chambre de commerce de Lyon.

6e GROUPE. — Instruments et procédés des arts usuels.

Président : M. DUPUY DE LÔME, conseiller d'État, membre de l'Institut.

Vice-Président : M. LEFUEL, membre de l'Institut.

LISTE

Des membres du Jury d'admission des œuvres d'art.

1er GROUPE. — Œuvres d'art.

Classes 1 et 2. — Section de peinture et de dessin.

MM.
Baudry.
Bida.
Jules Breton.
Brion.
Cabanel.
Maurice Cottier.
Couture.
Français.
Fromentin.
Gérôme.
Gleyre.
Joseph Halphen.
Hébert.

MM.
Ingres.
Jalabert.
Lacaze.
Charles Leroux.
Le marquis Maison.
Meissonnier.
Frédéric Reiset.
Théodore Rousseau.
Pils.
Paul de Saint-Victor.
Le comte Welles de La Valette.

Classe 3. — Section de sculpture.

MM.
Barye.
Charles Blanc.
Bonnassieux.
Cabet.
Cavelier.
Dumont.
Théophile Gautier.
Guillaume.

MM.
Jouffroy.
De Longpérier.
Michaux.
Perraud.
Soitoux.
Soulié.
Thomas.

Classe 4. — Section d'architecture.

MM.
Ballu.
De Caumont.
Duban.
Duc.
Garnier.

MM.
Le baron de Guilhermy.
Henri Labrouste.
Albert Lenoir.
Vaudoyer.

Classe 5. — Section de gravure et de lithographie.

MM.
Ad. de Beaumont.
Le vicomte H. Delaborde.
Alphonse François.
Gaucherel.
Henriquel-Dupont.

MM.
Charles Jacque.
Marcille.
Achille Martinet.
Mouilleron.

Dans le cas où des vacances viendraient à se produire parmi les membres élus aux scrutins, elles seraient remplies par les artistes qui ont obtenu après eux le plus grand nombre de voix.

EXTRAIT

De la Liste des membres français des 90 jurys de classe institués pour les produits de l'agriculture et de l'industrie.

GROUPES 2 A 10.

2e GROUPE. — Matériel et application des arts libéraux.

Classe 6. — Produits d'imprimerie et de librairie.

M. le vicomte DE LA GUERONNIÈRE, sénateur;

M. DERENEMESNIL, chef du service des travaux à l'imprimerie impériale.

Classe 7. — Objets de papeterie; reliures; matériel des arts de la peinture et du dessin.

M. Quicherat, membre de l'Institut;
M. Roulhac, négociant, ancien juge au tribunal de commerce de la Seine.

Classe 8. — Applications du dessin et de la plastique aux arts usuels.

M. Baltard, membre de l'Institut;

M. Ed. Taigny, maître des requêtes au Conseil d'État.

Classe 9. — Epreuves et appareils de photographie.

M. le comte Olympe Aguado, membre de la société de photographie;
M. Niepce de Saint-Victor.

3e GROUPE. — Meubles et autres objets destinés à l'habitation.

Classe 14. — Meubles de luxe.

M. Du Sommerard, directeur du musée des Thermes et de l'hôtel de Cluny, membre des jurys internationaux de 1855 et 1862;
M. Williamson, administrateur du mobilier de la couronne.

Classe 15. — Ouvrage de tapissier et de décorateur.

M. Gustave de Rothschild;
M. Dieterle, artiste peintre décorateur, membre du jury international de 1855.

Classe 16. — Cristaux, verrerie de luxe et vitraux.

M. Peligot, membre de l'Institut, professeur au Conservatoire impérial des arts et métiers et à l'École centrale des arts et manufactures, membre des jurys internationaux de 1851, 1855 et 1862;
M. Georges Bontemps, ancien fabricant.

Classe 17. — Porcelaines, faïences et autres poteries de luxe.

M. Regnault, membre de l'Institut, professeur au Collége de France et à l'École polytechnique, directeur de la manufacture impériale de Sèvres;
M. Dommartin, négociant, juge au tribunal de commerce de la Seine.

Classe 18. — Tapis, tapisseries et autres tissus d'ameublement.

M. Badin, directeur des manufactures impériales des Gobelins et de Beauvais, membre des jurys internationaux de 1855 et 1862;
M. Carlhian, négociant, président de la chambre syndicale des tissus.

Classe 19. — Papiers peints.

M. Ciceri, artiste peintre décorateur;
M. Délicourt, ancien fabricant.

Classe 20. — Coutellerie.

M. le général Guiod, membre des jurys internationaux de 1855 et 1862;
M. Dubocq, ingénieur en chef au corps impérial des Mines.

Classe 21. — Orfévrerie.

S. Exc. M. le duc de Cambacérès.
M. P. Christofle, orfévre.

Classe 22. — Bronzes d'arts, fontes d'art diverses, objets en métaux repoussés.

M. le baron de Butenval, sénateur;
M. Barbedienne, fabricant, président de la réunion des fabricants de bronzes et des industries de l'art plastique.

Classe 23. — Horlogerie.

M. Laugier, membre de l'Institut, membre du bureau des longitudes, membre du jury international de 1862;
M. Bréguet, horloger, membre du bureau des longitudes.

Classe 24. — Appareils et procédés de chauffage et d'éclairage.

M. Clerget, membre du conseil de la Société d'encouragement, membre du jury international de 1855;
M. Camus, ingénieur au corps impérial des ponts et chaussées, sous-directeur de la compagnie parisienne du gaz.

4e GROUPE. — Vêtements (tissus compris), autres objets portés par la personne.

Classe 36. — Joaillerie, bijouterie.

M. Fossin, ancien juge au tribunal de commerce de la Seine, membre des jurys internationaux de 1855 et 1862;
M. Beaugrand, joaillier-bijoutier.

Classe 37. — Armes portatives.

M. le baron Treuille de Beaulieu, colonel d'artillerie, directeur de l'atelier de précision au dépôt central de l'artillerie, membre du jury international de 1862;
M. Alexandre Fouquier, maître des requêtes au Conseil d'État.

6e GROUPE. — Instruments et procédés des arts usuels.

Classe 58. — Matériel et procédés de la confection des objets de mobilier et d'habitation.

M. Bouniceau, ingénieur en chef au corps impérial des ponts et chaussées;
M. Renard, entrepreneur de travaux publics.

Classe 59. — Matériel et procédés de la papeterie, des teintures et des impressions.

M. Charles Laboulaye, ancien fabricant, membre du jury international de 1862;
M. F. Normand, ingénieur mécanicien;
M. Auguste Doumerc, directeur des papeteries du Marais et de Sainte-Marie.

Classe 65. — Matériel et procédés du génie civil, des travaux publics et de l'architecture.

M. Reynaud, inspecteur général au corps impérial des ponts et chaussées, professeur à l'École polytechnique et à l'École impériale des ponts et chaussées;
M. Viollet-le-Duc, architecte;
M. Delesse, ingénieur en chef au corps impérial des mines, professeur à l'École normale supérieure, membre des jurys internationaux de 1855 et 1862;
M. le baron Baude, ingénieur au corps impérial des ponts et chaussées, professeur à l'École des ponts et chaussées et à l'École des beaux-arts.

DE L'EMPLOI DE L'HUILE DE PÉTROLE DANS LA FABRICATION DU VERNIS ET DE LA PEINTURE.

M. Steinert, de Hambourg, emploie l'huile de pétrole dans les fabrications diverses des vernis, de l'encre de couleur pour imprimerie, de la peinture pour le bâtiment, employée à l'extérieur comme à l'intérieur. Le prix de l'huile de pétrole, très-inférieur à celui de l'huile de lin, donne un résultat très-avantageux pour la fabrication de ces différents produits.

Les couleurs et les vernis, obtenus de cette sorte, ont une complète adhérence avec le papier, le bois et la pierre même; ils sèchent avec une grande rapidité et, pour les encres d'imprimerie en particulier, ont la fermeté jointe à l'égalité, que demande surtout ce genre d'industrie.

Le danger permanent d'incendie qui existe dans la fabrication des couleurs à base d'huile de lin ne se rencontre pas dans l'emploi de l'huile de pétrole, qui se lie parfaitement aux couleurs par une chaleur de 60 à 80 degrés, chaleur obtenue sans mettre en rapport direct avec le feu le récipient contenant la susdite huile.

En résumé, voici les avantages de l'emploi du pétrole :

1° Économie de 25 p. 100;

2° Suppression du danger d'incendie;

3° Consistance plus grande, faculté de sécher plus rapide, éclat plus vif obtenu très-facilement par une addition plus ou moins considérable de résine;

4° Indépendance des industries intéressées des variations produites par l'abondance ou la disette du lin.

BERNARD PALISSY

Je ne crois pas qu'il y ait au monde spectacle plus intéressant que celui de la poursuite d'une idée entrevue par une noble et virile intelligence. Comme une nymphe pourchassée l'idée ne se livre qu'en détail à son amant obstiné; elle lui jette, tout en le fuyant, les lambeaux de sa parure, un ruban d'abord, puis un collier, puis sa tunique, mais ce n'est qu'à la fin et à force de persévérance qu'il la possède tout entière dans son admirable nudité.

Bernard Palissy est peut-être, sinon l'exemple le plus éclatant, du moins l'un des plus caractéristiques de cet entêtement sublime, de cette patience, irrésistible qui, alliés au bon sens et à la logique, sont l'essence même du génie.

Que d'épreuves successives, en effet, entre le désir nettement conçu, nettement formulé : créer l'émail, et la réalisation complète de ce désir! Que d'entraves physiques et morales!... Apprendre sans maître dix métiers dont on n'a pas la moindre notion, se faire potier d'argile, verrier, chimiste, constructeur de fours; si une brique est utile, cuire sa brique; s'il faut une grille, forger sa grille; s'il faut un caillou, aller le tirer soi-même de la carrière, se heurter perpétuellement aux accidents les plus vulgaires qu'aurait su éviter le premier ouvrier venu « ayant appris » et cela pendant des semaines, des mois, des années; — concevoir l'idée était certes beaucoup, mais combien l'auraient pu concevoir peut-être qui l'auraient sans doute abandonnée dès la première déception; — aussi ne sait-on guère lequel admirer le plus en Palissy, de l'homme de pensée ou de l'artisan, de l'ouvrier ou de l'inventeur.

— Et pourquoi tant de peine, s'il vous plaît! se disaient ses voisins de Saintes, pour obtenir quelques méchants morceaux de terre bariolés de couleurs différentes; — puis de rire! et sa femme de pleurer, et ses enfants de crier famine! Pour lui, amant obstiné de son idée, il continuait imperturbablement son œuvre au milieu de ces pleurs et de ces rires qui, sans doute, n'étaient pas sa moindre épreuve.

C'est qu'ils ne voyaient pas, ces « aucuns artisans, comme chaussetiers, cordonniers, sergents, notaires, un tas de vieilles » qu'il ne s'agissait pas seulement pour Bernard de quelques fragments de poterie colorée, mais en même temps de la consécration de toutes ces théories si vastes, si lumineuses, si « vues en avant » pour ainsi dire, qu'il semble, en les retrouvant aujourd'hui exprimées dans ses vieux livres, que l'admirable artiste que l'on connait a été, tout ensemble, le précurseur de toute science expérimentale.

Né vers 1510, à La Chapelle-Biron, dans le Périgord, disent les uns, dans un village du même nom, aux environs de Saintes, prétendent les autres, Bernard Palissy n'appartenait, dans tous les cas, qu'à une famille fort humble. Un détail ferait pencher vers l'hypothèse de La Chapelle-Biron : c'est qu'une masure, dont il ne reste plus de traces, y a conservé longtemps le nom de Tuilerie-Palissy, d'où quelques biographes ont conclu que le père de notre Bernard était fabricant de tuiles, supposition qui ne manque point de vraisemblance eu égard aux travaux futurs de son fils.

Ce qu'il y a de certain, c'est que Palissy apprit la géométrie, le métier de peintre sur verre, et aussi ce que l'on appelait la pourtraicture, talents qui devaient plus tard singulièrement lui venir en aide.

Ainsi allant, toisant ici un domaine, là dessinant des vitraux, Bernard commença son tour de France par le Midi et les Pyrénées, puis le continua par le Nord, après quoi il poussa jusqu'en Allemagne. — Ces premières années, qui ne sont signalées par aucuns travaux, sinon par quelques vitreries, ne furent cependant pas les moins fructueuses dans l'histoire intellectuelle du jeune Palissy. Ce fut, sans aucun doute, dans le cours de ces longs voyages qu'il fit collection des ingénieuses remarques dont plus tard l'auteur de la *« Recepte véritable par laquelle tous les hommes de la France pourront apprendre à augmenter et à multiplier leurs thrésors »* et de *« l'Art de terre, »* devait tirer de si lumineuses conséquences sur l'origine des sources, la nature des minéraux, etc.

Ce fut en 1535 seulement, c'est-à-dire à l'âge de vingt-cinq ans, qu'il revint dans sa province; il se maria avec une femme dont on a perdu le nom et se fixa à Saintes.

Il est probable, du reste, qu'en même temps que son éducation scientifique il avait fait son éducation artistique. A cette époque, l'art était partout dans les moindres détails de l'ameublement, dans la forme des moindres objets usuels : tout était ciselé, fouillé, orné pour le plaisir des yeux dans ces châteaux de la Renaissance, où l'artiste voyageur avait sans doute souvent reçu l'hospitalité; aussi n'est-il pas étonnant qu'il se laissât séduire par l'idée de doter sa patrie de ces coupes vernies et émaillées dont le secret ne s'était conservé qu'en Italie.

Sa profession de peintre sur verre lui donnait quelques lumières sur les couleurs à employer. L'ancien état de son père, quelques notions sur la cuisson des poteries, c'est avec ce mince bagage que part notre vaillant. Il couvre des tessons de pots de toutes les drogues qu'il peut imaginer, mais il les chauffe trop peu et rien ne paraît. Il recommence, puis encore, puis toujours. Réduit déjà aux expédients dès le commencement de l'œuvre, il entreprend de pétrir lui-même sa terre, il fabrique de ses propres mains les pots qu'au début il achetait tout façonnés. Il tourne à la grande fatigue de ses bras « où il ne restait quasi plus de boules non plus qu'aux jambes, si bien que son haut de chausses lui tombait de lui-même sur les pieds, » la roue d'un moulin qui nécessite les efforts de deux hommes. La seconde fournée prête il l'envoie au four d'un potier; le four ne chauffe pas assez, rien n'apparaît.

Bernard recommence encore, mais cette fois il va chez le verrier. — Grand succès, un des tessons est blanc comme neige, verni à miracle. Toutes les fatigues du passé sont oubliées. Plus de misère, la fortune! plus de moquerie, la gloire! que sais-je, tous les rêves de l'orgueil satisfait, de la réussite certaine, du génie dont on a douté et qui s'affirme.

Ah ! pauvre homme, tu ignores les tortures que le démon de l'invention te réserve encore, et ce sont les plus cruelles ! Ici commence l'histoire célèbre de ce four bâti trois fois, deux fois démoli, — de ce four dont les parois trop chauffées et avec quel combustible ! avec les meubles, avec le plancher de la maison, avec les poutres de la toiture, éclatent et réduisent à néant une première chauffe.

Puis ce sont les cendres qui viennent s'incruster sur le vernis en fusion, et l'ingénieux homme imagine ces manchons de terre qu'on n'a pas remplacés encore.

Puis c'est le brasier qui chauffe à droite, à gauche, derrière et point devant, irrégulièrement en un mot, au grand dommage du pauvre chercheur qui donne tout à son œuvre même son pain, même celui de ses enfants. Puis ce sont... mais laissons Bernard lui-même nous raconter avec un souffle navrant de sincérité toute cette partie de ses souffrances.

« Je poursuivis mon affaire de telle sorte que je recevais beaucoup d'argent de ma besogne qui se trouvoit bien, mais il me survint une autre affliction conquatenée avec les susdites, qui est que la chaleur, la gelée, les vents, pluies et gouttières me gastoient la plus grande part de mon œuvre, auparavant qu'elle fût cuite, tellement qu'il me fallut emprunter charpenterie, lattes, tuiles et clous pour m'accomoder. Or bien souvent n'ayant point de quoi bâtir, j'étois contraint de m'accomoder de lierres et autres verdures, Or ainsi que ma puissance s'augmentoit, je défaisois ce que j'avois fait et le bâtissois un peu mieux ; qui faisoit qu'aucuns artisans, comme chaussetiers, cordonniers, sergents et notaires, un tas de vieilles, tous ceux-ci sans avoir égard que mon art ne se pouvoit exercer sans grand logis, disoient que je ne faisois que faire et défaire, et me blasmoient de ce qui les devoit exciter à pitié, attendu que j'étois contraint d'employer les choses nécessaires à ma nourriture, pour ériger les comodités requises à mon art. Et qui pis est, le motif des dites moqueries et persécutions sortoit de ceux de ma maison, lesquels étoient si éloignés de raison qu'ils vouloient que je fisse la besogne sans outils, chose plus que déraisonnable. D'autant plus que la chose étoit déraisonnable, d'autant plus l'affliction m'étoit extrême. J'ai été plusieurs années que n'ayant rien de quoi faire couvrir mes fourneaux, j'étois toutes mes nuits à la merci des pluies et vents, sans avoir aucun secours, aide ni consolation, sinon des chats-huants qui chantoient d'un côté et les chiens qui hurloient de l'autre. Parfois il se levoit des vents et tempêtes qui souffloient de telle sorte le dessus et le dessous de mes fourneaux que j'étois contraint quitter là tout, avec perte de mon labeur; et me suis trouvé plusieurs fois qu'ayant tout quitté, n'ayant rien de sec sur moi, à cause des pluies qui étoient tombées, je m'en allois coucher à la mi-nuit ou au point du jour, accoutré de telle sorte comme un homme que l'on auroit traîné par tous les bourbiers de la ville; en m'en allant ainsi retirer, j'allois bricollant sans chandelle et tombant d'un côté et d'autres, comme un homme qui seroit ivre de vin, rempli de grandes tristesses, d'autant qu'après avoir longuement travaillé, je voyois mon labeur perdu. En me retirant ainsi souillé et trempé, je trouvois en ma chambre une seconde persécution pire que la première, qui me fait à présent m'émerveiller que je ne suis consumé de tristesse. »

Enfin le voici arrivé au but. Il peut, il doit espérer que ses traverses sont finies, bien qu'il soit protestant, par suite, exposé aux persécutions; le duc de Montpensier, celui de La Rochefoucauld, le connétable de Montmorency le protégent. Ce dernier même l'arrache à la juridiction du parlement de Bordeaux qui a mis la main sur lui pour ses opinions religieuses en le faisant nommer *inventeur des rustiques figulines du roi.*

Il y a plus, il est installé en plein Louvre, couvert de la protection du roi Henri III et de la reine mère, il travaille aux admirables travaux des jardins de la reine. Il a ouvert, à l'admiration des savants les plus distingués de l'époque, le premier cours public de science qu'ait connu Paris. Il a publié « *l'Art de terre.* » Il est à l'apogée de sa réputation. — Mais il était écrit que ce fier lutteur serait toujours le martyr de quelque chose de grand, de l'art ou de la libre pensée. — Renfermé à la Bastille par le conseil de seize, il y devait mourir. Seulement que les tortures que les hommes peuvent inventer étaient bien peu de chose auprès de celles que Bernard s'était volontairement imposées à lui-même, et ce fut sans forfanterie mais en homme sûr de soi qu'il put répondre à Henri III, lui avouant *qu'il était contraint* de le laisser brûler sans conversion.

— Sire, je suis prêt à donner ma vie pour la gloire de Dieu. Vous m'avez dit plusieurs fois que vous aviez pitié de moi, et moi j'ai pitié de vous qui avez prononcé ces mots : « *Je suis contraint.* » Ce n'est pas parler en roi, Sire, et c'est ce que vous-même, ceux qui vous contraignent, les Guisards et tout votre peuple, ne pourrez jamais sur moi, car je sais mourir.

Telles furent, bien qu'il n'ait pas été brûlé, les dernières paroles de cet homme véritablement complet, artiste, homme de science, homme de dévouement et de cœur... Ce qui frappe en lui surtout, c'est l'ingéniosité avec laquelle il sait tourner les difficultés : médiocre modeleur probablement, il invente un procédé de moulage sur nature. A force de tâtonnements, d'essais, de patience, il arrive à créer, lui que nous avons vu si fort désespéré de ne se trouver jamais qu'en face de ses poteries terreuses, ces couleurs vivantes, pour ainsi dire comme la réalité elle-même; des vernis, il les a inventés; des fourneaux, il les a inventés; des moules, il les a inventés; si le feu lui eût manqué ; sans nul doute il eût inventé le feu !

Il offre peut-être seul cette particularité d'un créateur arrivé à la perfection de son procédé ; admirable imaginateur, il est également admirable ouvrier; l'art de l'émail trouve entre ses mains sa plus exquise expression, et les perfectionnements n'auront rien à y modifier même dans les plus petits détails.

Tout avait été combiné, prévu, réalisé par ce cerveau universel qui semble contenir le génie même de l'invention.

J. Du Boys.

AVIS. — *Nous promettons en tête de ce premier supplément, de donner des gravures d'objets qui seront exposés. La plupart des exposants n'ayant pas complétement terminé ces objets, ne peuvent encore nous confier leurs dessins, craignant au dernier moment d'avoir quelque changement à faire dans l'exécution. Nous espérons cependant, avant l'ouverture du palais du Champ-de-Mars, pouvoir offrir à nos abonnés des planches sur l'Exposition ; il est probable que nous en donnerons dès la prochaine livraison.*

R. PFNOR, *Propriétaire-Directeur.*

Paris. — Typ. de Rouge frères, Dunon et Fresné, rue du Four-St-Germain, 43

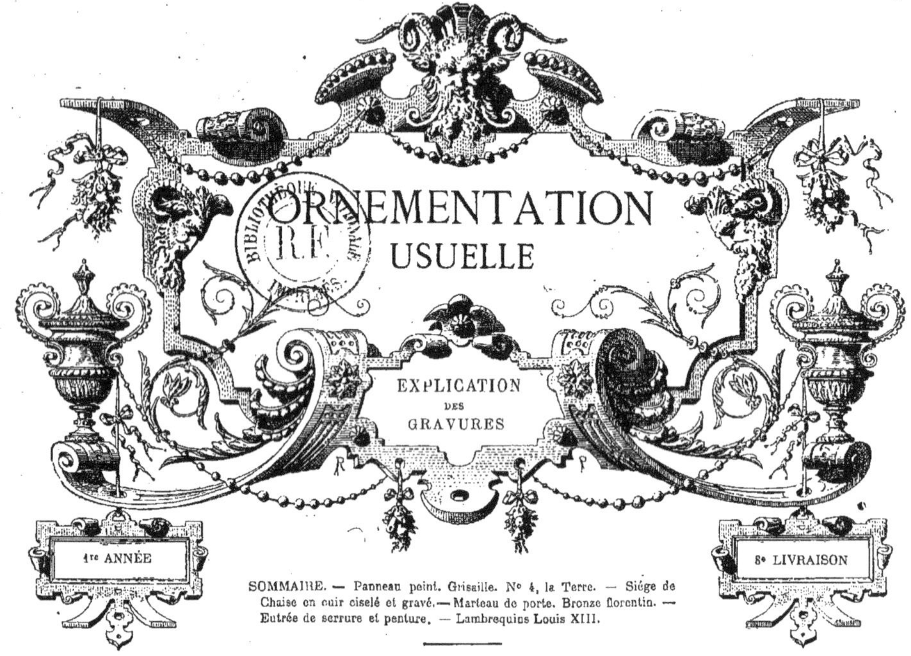

PANNEAU PEINT. GRISAILLE. — N° 4, LA TERRE.

(Nos d'ordre 64 et 65)

Nous disions, dans une précédente livraison, que le style Louis XVI portait en germe celui du premier empire, la vue du panneau peint qui ouvre celle que nous donnons aujourd'hui, confirme cette assertion. Ne croirait-on pas, à l'aspect des chimères ailées qui décorent ce panneau, avoir devant les yeux une décoration du commencement de ce siècle. Seulement, sous Louis XVI, la fantaisie plus libre savait varier ses lignes et ne s'emprisonnait pas encore dans une régularité mathématique. Le laisser-aller langoureux des femmes à corps de bête a tout le caractère de son temps. La terre puissante s'appuyant sur ses lions, quoique égyptienne par sa coiffure, n'a rien du style soi-disant grec qui envahit l'art à l'époque suivante, et les satyres qui la supportent sont aussi particuliers à la fin du XVIIIe siècle. On avait alors la manie de faire tout supporter par des personnages réels ou fictifs. Les statues équestres, au lieu de s'élever seules sur leur piédestal, étaient flanquées et accostées d'esclaves ou même de vertus. On se rappelle l'épigramme de celle de la place Louis XV :

Les vertus sont à pied, le vice est à cheval.

Jean Goujon ayant à traiter les quatre éléments qui nous occupent, représenta la terre par une femme au sein rebondi, gracieusement étendue sur le sol, ayant en main la corne d'abondance, *terra nutrix*. Mais au XVIe siècle, on était un peu plus profond qu'au XVIIIe, je ne parle ici qu'au point de vue de l'art. Puis, au-dessus, il fit errer une femme nue comme la vérité, qui tenait d'une main son cœur enflammé et de l'autre un colimaçon dans sa coquille. (Dans le haut du panneau il avait symbolisé le feu.) Le feu ne brûle-t-il pas le sein de la terre, comme l'amour le sein de la femme, et l'un et l'autre se repliant sur eux-mêmes se renferment, se cachent comme le colimaçon dans sa coquille.

Mais n'anticipons pas sur nos gravures. Nous reviendrons en son temps à ce superbe panneau sculpté du grand artiste.

SIÉGE DE CHAISE EN CUIR CISELÉ ET GRAVÉ.

(N° d'ordre 55) (1)

Nous n'avons pas à revenir sur ce cuir ciselé et gravé dont nous avons parlé précédemment ; le fini de notre gravure rend du reste mieux, dans ce spécimen, l'effet de ce genre de travail. Devant cet éloquent burin, il n'y a pas d'explication à donner. Nous renvoyons, pour la notice, le lecteur à la 5e livraison de notre recueil.

(1) C'est par erreur que les premières planches portent le n° 49 au lieu de 55.

MARTEAU DE PORTE. · BRONZE FLORENTIN.

(No d'ordre 69

On pourrait peut-être croire à l'inutilité du marteau de porte dans les usages de la vie moderne. On pourrait nous accuser d'être un peu trop rétrospectif dans nos modèles. Qui donc vient heurter le soir, à l'huis de nos demeures, et réveiller à qui mieux mieux nos chiens, nos poules, nos chats et nos servantes, faisant un vacarme d'enfer avec ce serpent de bronze retombant de tout son poids sur la crinière hérissée d'un lion grimaçant? Nous avons maintenant le petit timbre et son simple bouton. Nous avons la sonnette électrique et son simple bouton.

Ce sont ces simples boutons précisément, qui nous navrent. Pourquoi? Parce qu'ils ne disent rien, et vous savez notre profession de foi sur les choses qui ne parlent pas.

Le Romain écrivait, au seuil de sa maison : *Cave canem;* l'hôte poursuivi avait un refuge, la pierre criait à son ennemi sa défense. Aux cathédrales d'abord, puis aux portes des maisons ensuite, on plaça chez nous des têtes de bêtes portant des anneaux. Toucher l'anneau, c'était se placer sous la protection du maître. Le lion montrait aux poursuivants ses yeux féroces, et remplissait l'office du chien d'Italie.

Pourquoi vos simples boutons resteraient-ils donc muets? Enlevez-leur le cachet d'égoïsme qui les distingue, ils ne peuvent que gagner au change.

ENTRÉE DE SERRURE ET PENTURE

HOTEL-DE-VILLE D'AUGSBOURG

(No d'ordre 50)

En voyant s'enrouler gracieusement ces volutes harmonieuses terminées par des feuillages, on prendrait facilement les objets que reproduit notre estampe pour un travail du XIIIe ou tout au moins du XVe siècle. La serrure cuirassée, les longues pentures, tout est d'un style ancien, et pourtant l'artiste qui exécuta ce petit chef-d'œuvre, vivait en 1615.

Mais en Allemagne la tradition se conserve religieusement. Cette race forte, qui semblerait stationnaire aux capricieux enfants de la France, gardait et garde encore, heureusement, au fond de l'âme, une sorte du respect du beau qui la fait difficilement tourner au premier vent de la mode changeante. Nous lui avons emprunté, nous lui emprunterons encore souvent des compositions et des modèles.

Forger le fer était jadis chose dure et pénible ; les perfectionnements de la mécanique moderne rendent ce maniement du métal plus prompt et plus facile. Profitons-en pour copier au moins les anciennes choses. Leur élégance est incontestable.

La légende attribuait au diable la fabrication des serrureries de nos cathédrales. On ne pouvait se résoudre à croire humaine la domination d'une matière aussi puissante. Nous avons fait raison de ces contes, réservons notre admiration tout entière aux ouvriers d'autrefois. Tâchons de les imiter et d'appliquer même à nos meubles les plus simples, les riches ornementations de leurs grands porches et de leurs vastes boiseries.

Lorsque l'on pénètre au fond de la province, dans ces modestes fermes qui abritent des hommes plus imaginatifs qu'on ne le pense, on s'arrête étonné devant les cuivreries étincelantes de leurs vieilles armoires de chêne. Pourquoi ne remplacerait-on pas les petits gonds mesquins et cachés de nos commodes et de nos glaces de chambre, par quelque chose d'aussi coquet et de beaucoup plus riche. Nous livrons cette idée aux réflexions des inventeurs de meubles. Peut-être est-elle assez fructueuse pour les détourner du goût bourgeois, qui tend à disparaître tous les jours, et pour les engager dans une voie plus logique, plus digne, ou tout au moins plus artistique.

LAMBREQUINS LOUIS XIII

(No d'ordre 58)

Les lits auxquels appartenaient nos lambrequins étaient de deux sortes : les uns, munis de colonnes torses ou sculptées, s'appuyaient au mur par la tête, trois grands lambrequins de la forme et de la dimension des deux derniers de notre planche en faisaient le tour ; quatre petits, semblables au premier, pendaient du ciel, tendu à l'intérieur. De grandes sculptures en bois décoraient la tête et les pieds.

Les autres, sans colonnes, assez semblables à ceux que nous représentent les gravures flamandes, n'avaient qu'un ciel tendu comme l'autel de l'ordre du Saint-Esprit, au musée du Louvre. Une grande tenture, décorée dans le même style, avec des rubans et des fleurs, s'appliquait au mur, à la tête.

Rien n'est plus riche que ce simple agencement de rubans sur de la soie ou même sur de la serge.

L'un de nos lambrequins est rouge et jaune, les autres sont verts avec même teinte de broderies que le précédent.

Nous ne pouvons qu'indiquer sommairement ici les ressources de cette sorte de décoration d'appartement ; les cheminées, les fenêtres, les portes peuvent facilement recevoir ce genre d'ornement, et l'ensemble de ces fleurons, de ces enroulements, s'accordant avec une verdure de Flandres ou quelque papier simple à tons rompus, est plein de charme et d'élégance.

H. DU C.

Typ. Rouge frères, Dunon et Fresné, r. du Four-St-Germ., 43.

ORNEMENTATION USUELLE

S'adresser, 146, rue de Vaugirard, à Paris, pour tout ce qui regarde l'administration ; pour tout ce qui regarde la rédaction, à M. HENRI DU CLEUZIOU, à la même adresse; et pour les abonnements, à MM. DEVIENNE ET Ce, éditeurs, 18, rue Bonaparte, Paris.

CHRONIQUE

DE

L'EXPOSITION UNIVERSELLE

—

Jamais, depuis les jours mémorables de la grande fédération, tant de terre n'avait été remuée, en cet endroit de Paris que l'on nomme le Champ-de-Mars. Mais ce ne sont plus seulement des chartreux mêlés aux étudiants, des capucins, des petits maîtres du Palais-Royal, des femmes à vapeurs et des chevaliers de Saint-Louis qui travaillent de leurs mains à cette terre remuée ; ce sont des Espagnols, des Portugais, des Russes, des Égyptiens, des Tunisiens, des Belges, des Anglais, etc., etc., qui construisent, élèvent, décorent le petit coin qu'abrite le pavillon de leur gouvernement. Dans quelques mois, on ne verra pas seulement au Champ-de-Mars les bannières des départements de la France, mais bien les drapeaux de toutes les nations du monde. Ce ne sera plus l'autel de la Patrie *française* qui s'élèvera au milieu de cette place immense, ce sera le palais de l'Exposition *universelle.*

Déjà disparaissent les salons de 60 couverts pour noces, festins et repas de corps, et l'on peut lire à la place : *English Tavern, London Tavern;* le bouillon et bœuf à 20 centimes sont remplacés par : *Sandwich and a glass of Ale* 50 centimes. La locomotive, armée de rouleaux, broie les pierres des routes, on se croirait je ne sais où. Mais si vous laissez aller au delà des mers votre imagination vagabonde, la réalité vous ramènera bien vite à Paris, par la vue d'une immense, colossale, sublime barrière, chose française de son essence. A l'intérieur, après avoir jeté un coup d'œil à la grande galerie des machines, complétement vide encore, vous vous perdez dans un dédale de couloirs de sapin, où chacun commence déjà son installation future. Les Anglais mesurent le plancher, les Orientaux découpent le bois et le stuc, les Suisses peignent leurs blasons républicains. Quelques affiches bleues et vertes émaillent les cloisons blanches. On essaye des modèles de velarium, on s'organise enfin. Mais, hélas ! l'agglomération des lignes courbes produit déjà sur les visiteurs l'effet surprenant d'un ennui et d'une fatigue extraordinaire : le cheval qui tourne continuellement dans son cercle, l'écureuil qui joue dans sa cage, le chien du cloutier sont des êtres heureux auprès des habitants futurs du Palais de l'Industrie. Jusqu'ici, l'alignement fixe et immobile était le *nec plus ultra* dans ce genre. La courbe, après l'année 1867, supplantera celui-ci et restera typique, du moins nous le craignons fort. Au fait, Dante n'a-t-il pas choisi les cercles pour y faire grouiller tous ses damnés.

Une teinte rouge couvre déjà les murailles de l'avant-dernier cercle, celui des Beaux-Arts, et le jardin central vous laisse voir un lambeau de ciel, vous réconfortant un instant la vue avant de vous plonger de nouveau dans les planches pour chercher à sortir de ce labyrinthe aux mille sentiers.

A l'extérieur, quelques cheminées d'usine s'élèvent gracieuses au milieu du paysage, correspondant, du reste, avec beaucoup d'harmonie, aux contreforts immenses du grand Palais. Puis, si vous sortez par la porte de l'École militaire, vous apercevez, à gauche, un petit édifice à péristyle fait avec un soin tout particulier. — C'est la future Exposition picturale de Belgique ; l'œil, reposé par la verdure, sera tout disposé à admirer les toiles des artistes belges. Fortunés peintres! Après avoir traversé les boutiques criardes, les affiches multicolores, comment fera-t-on pour juger nos chefs-d'œuvre, à nous autres ?

Après l'Exposition des beaux-arts belges, un grand aquarium d'eau de mer, une serre monumentale, un aquarium d'eau douce, de petites serres chaudes, une charpente en rotonde remplissent tout le coin du jardin au sud.

En continuant à gauche et se rapprochant de la Seine, on arrive à un nombre de constructions ornées déjà d'affiches peintes : *Ouvriers de Paris!... Société de Boulangerie centrale*, etc., etc.; puis on parvient à un lac au milieu duquel s'élève le grand phare en tôle des Roches-Douvres. Un théâtre, un palais photographique, une église agrémentent en cet endroit le paysage que bornent à l'horizon les arbres de la rive droite.

L'église est destinée à l'exposition des objets religieux relatifs au culte catholique ; son style est un gothique douteux ; l'abside s'oriente *à l'ouest ;* les transepts s'ouvrent au bas de la nef, près les deux portes d'entrée que l'architecte s'est bien gardé de mettre dans la façade ; le toit est recouvert partie en ardoises, partie en briques simples, partie en briques émaillées. Un apôtre, je crois, ou un saint quelconque, décore le fronton aigu de la façade qui, après tout, est peut-être un chevet, et le phare semble de loin être le clocher de ce petit temple.

Un autre phare, un phare électrique, paraît-il, dresse aussi sa tour au milieu d'un parterre ; près de là, on s'arrête étonné devant un charmant œdicule, qui doit appartenir au roi de Siam ou de Cambodje, à un Algérien, peut-être à la reine d'Espagne; on s'approche des médaillons décorant les moulures orientales du petit Allambrah. Tiens ! X... ! mademoiselle C... ! Comment ! — Qu'est-ce ?... — Monsieur, c'est la photosculpture. — Ah ! ah ! ah ! ah ! — Vous traversez la grande voie du pont d'Iéna au Palais central, et, laissant à droite le Cercle international, vous vous orientalisez tout à coup pour de vrai. Tunis, le vice-roi d'Égypte et la commission ottomane ont planté là leur croissant. Des ouvriers en turbans, en vestes brodées, sculptent, rabotent, émaillent une petite merveille que nous décrirons un autre jour. Des Égyptiens profilent les grands scarabées sur les corniches d'un temple plein de grandeur ; la Porte fait son petit pavillon. L'isthme de Suez montre le bout de son oreille. Cet angle du jardin ne sera pas le moins fréquenté dans quelques mois. Puis, à l'autre extrémité, au milieu des pins maigres et des arbres verts, les charpentiers russes, la tête coiffée de la fourrure nationale, le veston rouge au dos, les grosses bottes aux pieds, assemblent les bois résineux du Nord, et dressent leurs originales demeures, dont ils défendent l'entrée avec l'instinct de propriété particulier à la race moscovite.

Le Portugal, l'Espagne jettent les fondements de leur palais et la Suisse commence le sien, fixant, à l'instar de la Belgique, son exposition de peinture au milieu des arbres, de la verdure et des fleurs.

Nous avons dû passer bien des pavillons ; mais toutes ces constructions qui émaillent le grand parc du Palais du Champ-de-Mars sont à peine hors de terre. Dans une première visite, on peut bien oublier quelque chose. A bientôt, plus amples renseignements, plus sérieuses informations. Il est si difficile de s'orienter au milieu des terres remuées, des arbres du Luxembourg qui se promènent, des allées qui tournent, des couloirs qui tournent et des palais qui tournent semblablement. Un architecte s'y est bien trompé, celui de l'église catholique, à plus forte raison un simple chroniqueur.

A bientôt donc. HENRI DU CLEUZIOU.

LES ARTS PARISIENS.

LE MEUBLE

(*Suite*)

Nous avons vu ce qu'était le coucher d'autrefois ; une solidité, un monument. Au douzième siècle, on y ajouta le grand art, les incrustations, la peinture, la sculpture. On broda richement les literies. On eut des colonnes et des ciels où furent suspendues des courtines. Le lit était déjà roi dans la chambre : chambre-à-lit, disait-on, *bed room*, comme c'est encore chez les Anglais, quand ils sont riches et magnifiques.

Au treizième siècle, le lit fut tout en bois découpé, gravé et sculpté, avec une ouverture dans le bateau pour y entrer plus commodément qu'aujourd'hui. Plus tard le menuisier, le tourneur, le sculpteur s'effacèrent devant le tapissier ; le quatorzième siècle couvrit les bois de draperies flottantes et tombantes ; on inventa le dossier en étoffe, qui fut brochée, brodée ; le ciel eut des lambrequins pour cacher la suspension des pendants et des courtines, lesquels on fit en soie, en velours, en drap d'or, doublés, piqués, frangés et fourrés comme les couvertures.

Le quinzième siècle fut le temps des couchers vastes. Sept pieds de long sur six ou huit de large. A la bonne heure ! J'en ai retrouvé un en Angleterre, dans le Cornwall : il était mauvais, malheureusement, ô le pays des méchants lits ! Dans la chambre d'Isabelle de Bourbon, duchesse de Bourgogne, on voyait deux de ces lits, séparés par une commune ruelle qu'un rideau coupait au besoin. Un seul ciel très-grand couvrait le tout. C'était l'usage alors de partager sa couche avec ses amis ou ses hôtes. Le général vainqueur couchait avec son prince, la fille d'honneur avec la reine, le procureur avec son client. Les manants fourraient leur famille pêle-mêle sous la grosse laine de ces aires, à fond de paille ou de cosses pour tous, à sommier de bourre pour le pauvre et de plume pour le riche ; les père et mère en long, les enfants en travers. Le convive, attendu ou non, arrivait la nuit, fatigué, mouillé. Il entr'ouvrait la couverture, avisait une place et s'y blottissait. Au matin les explications. Il y avait loin de ces lits omnibus aux mystérieux lits à la duchesse ou à l'ange, galanteries sans quenouilles ni colonnes, tournées au mur non par la tête mais par le flanc, et que couvraient amoureusement des rideaux lâches tombant, ainsi que deux voiles, d'une haute couronne empanachée. Toutefois, comme ces anciens pères au gros rire aimaient assez mettre l'étiquette au cou du sac, leurs lits de mariage montraient volontiers sur le ciel et les courtines des broderies emblématiques « dont nous nous choquerions aujourd'hui, » dit sagement M. Viollet-le-Duc.

Du lit on passait à la chaise, *chaire*, *chaière*, *forme* ou *fourme*. Ce meuble avait des bras et un dossier, souvent un dais, et il était seul dans la pièce, comme un trône, pour le maître ou la maîtresse. Il y eut des chaises à balustres, et polygonales, dans lesquelles tournait à son gré le personnage assis. Chaises d'audience. Il y en eut en fer, très-élégantes et très-légères, que Gandillot et Tronchon nous ont aussi rendues. Il y en eut en bronze et en pierre. Leur magnificence spéciale date du quinzième siècle, qui les fit hautes, à dossier flamboyant, découpé et fouillé comme une fenêtre de cathédrale. C'était d'appui maussade quand on avait désarmé le chevalier. Le siége était parfois un coffre à serrer de précieuses choses que le seigneur ou l'avare gardait, assis sur son trésor. Elles étaient nues, et belles seulement par le ciseau de l'artiste, ou bien de larges housses les enveloppaient, descendant et se prolongeant en tapis de pied.

Quand, de hasard, le roi venait, la chaise était enlevée, et l'on apportait le fauteuil, *faudesteuil, fauldesteuil*, du latin *faldistorium*, sorte de pliant d'abord, dans le genre des tabourets en X où l'on assied les duchesses. C'était le siége d'honneur par excellence, au bas duquel rampait un escabeau pour le vassal ou pour les pieds sacrés, *scabellum pedum tuorum*. Le faudesteuil était de tous les voyages de Sa Majesté, et on l'emportait plié, comme cette toile sur trois bâtons qui sert à reposer les goutteux dans leurs pénibles promenades. Au douzième siècle, dit-on, Suger rendit le pliant solide, au moyen d'un dossier en bronze, par égard pour son roi malade, dont la tête allait chercher les genoux. Saint Éloi passe, à ce propos, pour avoir fait le fauteuil de Dagobert, lequel passe pour nous avoir été conservé. Et pourquoi pas?

A portée de la chaise, séant inamovible, on avait le lutrin, *lectrin*, ou pupitre, *poulpitre*, meuble rigide ou bien tournant sur un pied, servant à tenir le livre pour qui savait lire, seigneur ou clerc, et plus souvent moine à défaut du châtelain : un livre saint le plus souvent, et c'est pourquoi le lectrin figurait d'ordinaire un oiseau ayant le livre sur ses ailes demi-ouvertes ; volontiers un aigle, comme étant celui qui vole le plus haut et devait porter le plus droit notre prière ou notre louange. Ces meubles pouvaient quelquefois servir et pour lire et pour écrire ; et le temps destructeur ne nous a gardé que les dessins de charmants lectrins des treizième et quatorzième siècles, à tablettes tournantes, avec une lumière au milieu, portant sur une colonne cannelée qui s'allongeait ou se raccourcissait comme dans nos pupitres à musique, selon qu'on voulait être assis devant ou bien debout. Ceux-là tenaient ouverts deux ou trois gros livres à la fois, avec des signets à poids pour empêcher les pages de se retourner. Nous n'avons plus rien d'aussi commode que ces lutrins, c'est évident : mais je reconnais que nos *bureaux* modernes sont préférables à l'antique *scriptionale*, pour dire *écritoire* en bon français.

En regard du lutrin était la *crédence* ou dressoir portatif ; lutrin du corps comme l'autre de l'âme, offrant aux loisirs de l'estomac seigneurial bouteilles, fruits, desserts et toute la menue gourmandise d'entre les repas. Le *peu et souvent*, illustre et grande règle! Crédence, de *credere* sans doute : croire à ce qu'on touche, à ce qu'on mange, à ce qu'on voit, à ce qu on boit. La vieille *servante* qui recommence à trotter dans quelques salles à manger spirituelles est tout bonnement une crédence à roulettes. Il y en avait à tiroirs et armoirettes fermées ; notre petit buffet à bonbons, notre cave à liqueur sont des crédences. Il y en avait à tablettes visibles, élégantes étagères avec un dais pour couronnement et une jardinière pour base ; d'autres en forme de console et tenant au mur, pour déposer les objets et les reprendre en passant.

Le dressoir était une grande crédence immobile, aux tablettes habillées de beau linge que des dentelles et des guipures relevaient. La dame du logis y étalait ce qu'elle avait de plus riche et de mieux fait, vaisselle, orfèvrerie, coupes, hanaps, dons du roi, dons du pape. Le buffet ne s'entendait pas de la caisse oblongue à dessus de marbre dans laquelle aujourd'hui nous serrons le pain et les assiettes ; c'était la *chambre* à loger tout le service de table, comme qui dirait l'*office*, ou bien aujourd'hui un meuble au milieu de la pièce dans les grands repas, brillant de vases précieux, de lumières et de fleurs, chargé de toutes sortes de choses bonnes à manger, comme un comptoir de Chevet ou d'Ozanne. Le *buffet* d'un bal, les *buffets* de chemins de fer rappellent ceux-là. Seulement il était d'hospitalité de les rendre aussi riches que possible, et pour adieu de les offrir à ses invités avec tout ce qu'ils portaient. Ces gens d'autrefois savaient vivre.

De même que le buffet, l'*armoire*, du latin *armaria*, fut d'abord une chambre où l'on serrait les armes, comme aussi la *librairie* fut la chambre à mettre les livres. Là où étaient les armes allèrent d'abord les ustensiles de chasse, puis les habits, puis le linge de corps, le linge de table, les coffrets, les écrins. Les religieux qui n'étaient ni guerriers ni chasseurs, exception rare, firent de l'armoire une sacristie. Dans cette chambre se trouvaient nécessairement des corps de boiserie fermés, garde poussière à un vantail ou à plusieurs, où le plus précieux se mettait sous clef. Et cette sorte de meuble prit par suite le nom de la pièce, pour un jour remplacer la pièce elle-même chez la plupart : c'est l'ambition des petites choses de se mettre à la place des grandes. Et peu à peu l'armoire est devenue et restée le meuble principal de la famille, l'emblème de l'ordre, de l'économie, de l'opulence en ménage. La moindre fille en se mariant apporte son lit ; pauvre fille qui n'a que son lit! Celle qui est mieux née apporte son lit et son armoire, quelle fierté! Aussi est-ce un meuble que l'on soigne et que l'on pare ; le menuisier du lieu y met tout son orgueil et toute sa fantaisie. On le décora d'abord par la serrurerie, au moyen de ferrures de clôture historiées, restées brillantes comme des miroirs dans ce Nord amoureux de propreté où, les jours de fête, on fleurit sa vieille armoire de jeunes guirlandes illuminées. Puis on eut l'esprit de peindre les panneaux ; et les armoires à sujets sur fond bleu, sur fond rouge, sur fond d'or, furent parmi les beaux-arts du quatorzième siècle. Vinrent ensuite les moulures et les sculptures, qui sont encore de mode, avec la marqueterie. La plus belle que j'en connaisse en sculpture est chez M. Grohé.

La Bourgogne est riche en armoires des seizième et dix-septième siècles, dont beaucoup n'ont jamais été déménagées. Faites pour un logis, elles ont forcé leurs maîtres d'y vivre et d'y revivre par respect : sûres et tranquilles confidentes de la bonne et de la mauvaise fortune pendant vingt générations. Que de choses en ces armoires trisaïeules ! Souvenirs bien-aimés de naissance et de mort, premiers cadeaux, premiers travaux, premiers trousseaux, premières amours! Tablettes qui racontent à la grand'mère quand elle était petite fille ; amusants panneaux à travers quoi passaient nos enfantines convoitises; vieille serrure découpée que tant d'impatiences tourmentèrent; vieille clef polie et tenue chaude en tant de mains devenues froides! Demandez donc aujourd'hui cet héritage, et cette histoire, et ce magasin de bonnes choses à l'impudente armoire à glace, à l'incommode commode en plaqué! Celles-ci n'ont qu'un mérite, c'est de vivre peu et de ne laisser de regret à personne.

La Normandie et la Bretagne ont aussi gardé de leurs armoires, mais l'art s'y montre moins beau.

AUGUSTE LUCHET.

(La suite au prochain numéro.)

EXPOSITION UNIVERSELLE DE 1867

VISITE AUX ATELIERS

CÉRAMIQUE CONTEMPORAINE. — FAÏENCE D'ART.

—

UNE NOUVELLE FABRICATION.

Nous avons fait la promesse, à la fin du dernier numéro, de nous occuper des objets d'art qui figureront à l'Exposition de 1867, et de mettre sous les yeux de nos lecteurs la reproduction de ces objets. Dans nos visites aux ateliers, nous avons vu à la vérité peu d'objets entièrement achevés et prêts à être envoyés au Palais du Champ de Mars; mais à tous on met la dernière main, et nous pouvons le dire d'avance, nous verrons des merveilles.

Soit goût personnel, soit parce que l'art de la céramique est celui des arts industriels, qui réunit à lui seul trois ou quatre différents arts pour produire son ensemble, c'est toujours de préférence que nous accourons vers ses produits; et nous croyons que notre penchant et nos préférences sont partagés, non-seulement par tous ceux qui suivent attentivement les progrès de notre époque, mais encore par une grande partie du public non initié aux questions d'art.

Dans ce bel art de la céramique, nous assistons, depuis une dizaine d'années, à une *Rénovation véritable*, rénovation sérieuse et efficace, parce qu'elle est basée sur l'expérience, l'analyse et l'étude des anciens, et parce qu'elle est soutenue et encouragée par le goût du public. Ces deux raisons assurent la prospérité de cet art industriel.

Que de chemin parcouru, que de progrès, depuis que *Devers* fournit ses premiers essais basés sur l'étude des majoliques italiennes! *Pull* reproduisit Palissy; *Laurin*, de Bourg-la-Reine, les faïences des fabriques méridionales; *Deck* et après lui *Longuet* les Persans; *Colinot* les Chinois; *Ulysse* les faïences de Nevers; *Jean* suivit et suit encore une voie individuelle, et *Barbizet* est devenu notre Palissy populaire.

Les procédés de Rouen, Moustiers, Haguenau, etc., sont retrouvés et pratiqués couramment par de nouveaux adeptes de L'ART DE TERRE et de L'ART DU FEU.

Les émaux de Deck, déjà très remarqués à l'Exposition des arts industriels de 1861 par leur grand effet décoratif, attirèrent l'attention à l'Exposition universelle de Londres de 1862; c'est, pensons-nous, à leur grand éclat qu'il faut attribuer la collaboration d'artistes tels que les peintres Ranvier, Hamon, Français, Gluck, Legrain, Ehrmann, etc., etc. Les progrès constants de ce faïencier, ses succès aux expositions, lui ont assigné une des places principales à la grande Exposition de 1867.

De grands efforts ont été tentés dans une voie nouvelle. La préparation des terres a été l'objet d'études spéciales, afin de donner aux pièces sorties du feu cette sonorité tant recherchée des amateurs; les *couvertes* elles-mêmes ont subi des modifications notables; le *craquelé* des Chinois peut désormais se produire à volonté et suivant des tracés fixés d'avance.

Enfin les *émaux incrustés sous couverte*, d'invention toute récente, sont obtenus par un moyen mécanique de reproduction, faisant sortir la pièce toute décorée du moule. Nous ne connaissons pas encore les procédés qu'emploie M. Deck; mais les pièces qu'il nous a été donné de voir, et qui se distinguent par une grande originalité d'aspect, comme forme et comme couleur, nous font deviner une grande voie ouverte aux artistes chercheurs, dans la création de nouvelles applications et dans le développement d'une toute nouvelle branche de l'art.

Un de ces artistes que nous avons toujours vu se complaire aux difficiles recherches, et qu'un tempérament trempé par les études les plus sérieuses de l'art ancien, rend on ne peut plus apte à diriger ces premiers essais, au point de vue du résultat artistique, M. Émile Reiber, s'occupe activement de la mise en œuvre de nouveaux modèles. Une suite très-intéressante de ses créations nous a passé devant les yeux, et ce qui nous a surtout frappé c'est le cachet d'utilité de toutes ces pièces; il n'en est pas une qui ne satisfasse à un des besoins de la vie moderne. Cassolettes, bonbonnières, vide-poches, garnitures de cheminées, vases à fleurs, porte-allumettes, coupes, sucriers, compotiers et jusqu'aux pièces diverses du service de table, voilà le vaste champ que parcourent ces deux collaborateurs.

Si nous nous en rapportons à notre propre impression, d'après ce que nous avons vu, il est évident que M. Reiber a dû utiliser ses grandes connaissances des procédés chimiques en gravure, qui lui ont permis de faire sa remarquable publication, *l'Art pour tous*, années 1861-1864, et qu'il les a appliquées à ces nouvelles tentatives de céramique. Nous avons remarqué notamment divers exemplaires d'une grande coupe, merveilleuse d'élégance dans la forme, décorée sur toutes ses faces, et portant à l'intérieur un médaillon représentant une marguerite dont les pétales encadrent gracieusement le buste d'une charmante et fraîche jeune fille, tenant une fleur; sur les bords, dans une banderolle, se lit la légende: « la belle Marguerite. » Nous avons reconnu dans le dessin de ce médaillon la fantaisie exubérante, la sûreté de touche, la fermeté du trait de l'artiste qui a su créer les 40 entêtes du journal *l'Art pour tous*, de 1864, dernière année pendant laquelle il a dirigé cette publication.

Une autre création que nous avons admirée, c'est une suite de panneaux de revêtement qui se reproduiront indéfiniment sur le type original créé par l'artiste.

Les procédés de gravure de M. Reiber ne s'appliquent, comme on le comprend, qu'à des pièces offrant des surfaces planes. Quant à la difficile question de la reproduction à l'infini du décor des surfaces courbes, si fréquentes en céramique, M. Deck l'a résolue victorieusement depuis quelques années qu'il en fait l'objet de recherches spéciales.

En somme nous croyons qu'il est peu d'industries qui, comme celle-ci, rentrent mieux dans cette dénomination « Art industriel » que nous définissons: « l'œuvre artistique multipliée par les procédés de la science. »

Une grande installation devenait nécessaire pour exploiter convenablement cette nouvelle fabrication. Des ateliers viennent d'être terminés à cet effet dans le vaste établissement du passage

EXPOSITION UNIVERSELLE

DE

1867

FAIENCE D'ART

DE TH. DECK.

GRANDEUR D'EXÉCUTION

FLACON DE TOILETTE

COMPOSITION DE M. E. REIBER.

des Favorites (Paris-Vaugirard) où M. Deck va centraliser toute son industrie. Avec deux hommes de goût et de persévérance comme MM. Deck et Reiber, le succès de leur entreprise artistique est assuré.

Nous avons obtenu de ces messieurs de pouvoir donner à nos lecteurs un avant-goût de leurs nouveaux produits.

Voici un flacon à vinaigre de toilette, reproduit d'après l'original en grandeur d'exécution. Ce flacon, forme gourde, est libre et se pose, par un rebord inférieur, sur une base circulaire couronnée de trois culots de feuilles formant trépied. Le profil est étudié de façon à ce que le vase soit facile à mettre en main. Le bouchon, servant de couronnement, épouse le galbe général. Des zones de fleurs en demi-relief, se détachant sur un fond de feuilles, ornent le haut du goulot, la panse et la base. Une couleuvre en bleu turquoise, s'enroule autour du col qui est décoré de stries obliques, ocre sur blanc, venant se reposer sur une grecque en bracelet. Le bas de la panse est couvert d'un enroulement original, ocre foncé sur jaune clair. Toutes les bandes séparatives et les feuilles de la base sont en turquoise, et tous les centres des fleurs, ainsi que les graines des feuillages du trépied, sont en rouge rubis.

Notre gravure montre l'ensemble harmonieux de ce charmant flacon vraiment créé pour orner la toilette d'une jolie femme.

RODOLPHE PFNOR.

DE L'AMEUBLEMENT

ET DE

LA DÉCORATION INTÉRIEURE DE NOS APPARTEMENTS

(Suite)

Ah ! rentrons dans la convenance des choses, approprions les cadres aux sujets; enlevez ces rideaux d'ici, gardez ce pastiche de l'ébène pour la bibliothèque, pour le cabinet de travail; mais dans la salle à manger, faites que les meubles, par leur aspect et leurs teintes, paraissent nous chanter encore une vieille chanson de nos pères; donnez-leur comme un visage et une robe de fête, et ne franchissez jamais les nuances du vieux chêne, qui rappelle si bien la chaude patine du rôti cuit à point. Ici, cependant, remarquez une amélioration : les siéges sont recouverts de cuir gauffré. Il faut se hâter de tenir compte, à qui a pu la faire, de cette concession à la logique, car le voilà qui sacrifie aussitôt aux fantaisies les plus irrationnelles. Voyez le fronton sculpté au dossier de ce siége; à l'époque où l'on donnait aux meubles les formes que réclame leur destination, ce dossier, plus élevé, abritait le convive, et les reliefs du fronton qui dépassait sa tête lui étaient inoffensifs. Ici, placés à la hauteur de ses épaules, ils le tiennent à une distance respectueuse. Le chiffre de l'amphitryon ne pourrait-il donc se montrer moins gênant et plus hospitalier?

Il y a grand dîner aujourd'hui, car la table est garnie comme aux jours de gala. Au beau milieu s'étale le surtout. Le surtout ! connaissez-vous une invention plus malencontreuse que ce mur d'argent, trop souvent impénétrable, qui vous cache des visages amis, sans vous dédommager par la poésie du sujet et la beauté de l'exécution ? Encore si l'art, se mettant de la partie, avait ménagé de larges échappées dans cette forêt de métal, si vous pouviez suivre du regard Galatée, l'enfant rieuse qui, avant de s'asseoir de l'autre côté, vous a lancé, en guise de pomme, un charmant sourire ! Mais non, c'est massif, épais et lourd comme l'orgueil et l'esprit du maître. Tenez, surtout pour surtout, j'aime autant celui qu'improvisa je ne sais plus quel négrier. C'est une histoire que je tiens d'un Havanais de ma connaissance. Ce négrier avait vendu à Cuba une cargaison de cinq cents nègres, et comme la denrée était rare, il en avait tiré un prix superbe. Dans sa joie, il voulut faire une politesse à ses clients, et les invita à dîner. Notre homme tenait à bien faire les choses; artiste à sa manière, il se préoccupait de l'ordonnance de sa table, et la voulait tout étincelante d'une splendide vaisselle. Dans un pays riche, où le luxe de l'argenterie était poussé à un degré inouï, il se procura assez facilement tout ce qu'il désirait. Cependant une pièce, à ses yeux la plus indispensable parmi les ornements du festin, lui manqua. C'était le surtout. Il le chercha en vain. Mais il ne se tint pas battu pour si peu. Le jour venu, et lorsque les convives furent introduits dans la salle à manger, ils virent, en manière de surtout, empilées et rayonnant au milieu de la table, un monceau de pièces d'or s'élevant à 1,720,000 francs. C'étaient les 20,000 quadruples d'Espagne qu'avait produits la vente des noirs !

Après cela, riches qui n'êtes que riches, songez au négrier avant d'embarrasser votre table d'un surtout. Il l'emportera toujours sur vous par le poids et le volume du métal : l'art seul peut vous assurer la victoire. Appelez donc l'artiste à vous, choisissez-le même de la plus rare ingéniosité, car la pièce d'orfévrerie dont vous allez lui confier l'exécution est la plus difficile de toutes. Et il ne faut pas seulement qu'elle soit belle, elle devra encore être aimable, car elle aura toujours à se faire beaucoup pardonner... Peut-être même vaudrait-il mieux la rejeter décidément aux deux bouts de la table; mais si vous tenez absolument à cette place du milieu, que votre surtout soit digne d'elle. N'oubliez pas que c'est le principal personnage de votre composition, placé en pleine lumière, au centre même du tableau, et vous savez toutes les exquises qualités de pensée et de forme que les maîtres de l'art demandent à ce premier rôle. Mais qu'avant tout, les divers motifs en soient espacés de façon à laisser les regards des convives se rencontrer librement d'un côté de la table à l'autre. Cette indispensable condition remplie, donnez carrière à votre imagination. Vous avez tout le monde fabuleux, et tout l'univers réel ouverts devant vous. Choisissez, combinez les inépuisables matériaux qu'ils vous offrent; que l'idée prenne un corps; que les visions de l'esprit comme les théories de la science se fixent dans des éclosions anthropomorphiques. Donnez à admirer, mais donnez aussi à penser. Que les festins de Rabelais n'excluent pas le banquet de Platon. Le duc de Luynes, Jean Feuchères et Froment Meurice nous ont montré un exemple, resté célèbre, du magnifique parti qu'on peut tirer de toute cette poésie. Je parle de ce globe terrestre entouré du zodiaque et porté par quatre géants anguipèdes en argent repoussé et patiné, autour duquel voltigeaient les génies de l'Amour, de l'Harmonie et de l'Abondance, et que surmontaient les figures debout de Vénus, de Bacchus et de Cérès, avec leurs attributs. Après ces maîtres on peut créer encore, mais, comme eux, à côté des satisfactions de l'œil, réservez, je le répète, une place aux plaisirs de la pensée.

Cependant le repas est fini, on se lève. Suivons les invités qui passent au salon, où pénètre en même temps l'odeur des mets qui, deux ou trois heures durant, ont fait la joie des convives et la gloire de notre Trimalcion de rencontre. Qu'il serait bon d'avoir ici une pièce intermédiaire convenablement aérée, sorte de lazaret où viendraient se dissiper ces vapeurs, aromes et parfums, tant que l'appétit survit, miasmes quand il est satisfait.

Mais voici le salon, quel éblouissement! Du blanc et de l'or partout! Portes, panneaux, plinthes, lambris, plafond, filets, coquilles, arabesques, surfaces et reliefs de toute forme, c'est toujours du blanc, c'est toujours de l'or. Absence éternelle de la beauté dissimulée par la richesse ! Mais c'est si commode ! Que d'entrepreneurs de décorations intérieures se sauvent ainsi de nos jours! Car le blanc étant la négation de tout coloris, il n'y a plus besoin de rechercher les contrastes ni les harmonies de tons : et comme, ainsi qu'en musique, il y a de fausses notes en peinture, pour ne plus faire de fausses notes, on supprime non-seulement les accords, mais aussi l'orchestre. C'est triste, moins cependant que l'emploi de tons qui blessent l'œil comme la mauvaise musique offense l'oreille.

Appelez-en à vos souvenirs, mesdames et messieurs; n'est-il pas vrai que trop souvent l'oubli complet de toute harmonie entre les étoffes d'ameublement, les tapis et les peintures décoratives de la même pièce se fait malheureusement remarquer dans les riches demeures de notre temps?

Mais comment changer cette discordance en harmonie?

Consultez la nature.

Feuilletez, étudiez le grand livre qu'elle ouvre à tous, vous y trouverez tous les exemples. Il faut seulement apprendre à les voir, à les analyser, à les appliquer.

Examinez l'effet décoratif d'un parc; à quelques mètres de vous, vous remarquerez, par exemple, un parterre de fleurs. A chaque plante vous pourrez donner son nom, parce qu'elle est à portée de votre vue; vous distinguerez tout, jusqu'aux nervures des feuilles, les couleurs seront vives et accusées, et trancheront nettement les unes sur les autres. Mais regardez un peu plus loin, les détails disparaissent, les feuilles et leurs dentelures, les fleurs et leurs pétales se confondent, les couleurs se massent, les tons s'adoucissent, vous ne voyez plus qu'un ensemble auquel l'éloignement donne un vague qui plaît. Voilà la perspective de la couleur pour le jour.

E. GUICHARD.

(*La suite prochainement.*)

BULLETIN

EXPOSITION UNIVERSELLE. — La Commission impériale près l'Exposition universelle de 1867 a fait insérer au *Moniteur* l'avis suivant :

« Quelques journaux, dans des intentions qu'il est inutile de rechercher, s'efforcent de faire encore courir le bruit que l'Exposition universelle sera retardée.

« La Commission impériale ne se lassera pas d'affirmer la vérité tant que l'erreur continuera à se produire. La Commission impériale est strictement restée jusqu'à ce jour dans les délais qu'elle s'était assignés pour les différentes opérations de son œuvre. Elle ne faillira pas au dernier moment. L'Exposition sera prête le 28 mars. Elle sera ouverte le 1er avril 1867. »

* * *

DALLAGE EN MOSAÏQUE. — Depuis quelque temps on emploie, dans les édifices publics, un mode de décoration auquel nous ne pouvons qu'applaudir. C'est la mosaïque appliquée comme dallage, tant à l'intérieur qu'à l'extérieur.

Nos musées en possèdent d'anciennes, les fouilles archéologiques en découvrent journellement. Il nous semble utile de citer cette tendance, et nous espérons qu'on parviendra à remplacer nos dallages réguliers, monotones et assez dispendieux par un système plus harmonieux, plus décoratif et parfois même beaucoup moins coûteux.

La partie supérieure du piédestal de la colonne de la Bastille vient d'être recouverte d'une mosaïque exécutée par des artistes vénitiens.

La cour d'honneur, les galeries et les vestibules du Tribunal de Commerce ont été décorés de la même façon.

Les chapelles des bas-côtés de l'église Saint-Bernard possèdent de même un pavé ornementé de ces petits cubes de marbre, si gracieux dans leur ensemble. Les particuliers commencent à utiliser ce procédé si simple. Nous citerons M. Boucheron, bijoutier au Palais-Royal et M. Galante, rue de l'École-de-Médecine.

Une des bandes italiennes que nous signalons a pour chef un Vénitien, M. Christophani, établi à Montmartre.

Voici la manière employée par ces artistes, qui manquent peut-être un peu de goût et de variété, mais qui, cependant, malgré leurs dessins simples et en quelque sorte primitifs, obtiennent des résultats très-satisfaisants.

Un enduit formant une aire parfaitement plane est d'abord étendu sur l'endroit qui doit recevoir la mosaïque. Sur cette surface on trace alors le dessin au moyen d'un poncif. De petits cubes de pierre ou de marbre de différentes couleurs sont ensuite placés symétriquement sur cet enduit, d'après les contours tracés, et le mosaïste fixe les pierrettes au moyen d'un maillet. Reste le polissage, qui se fait au moyen de morceaux de grès, avec lesquels on frotte, en mouillant à mesure, pour faire disparaître toutes les aspérités.

Nous ne pouvons qu'engager les architectes et les entrepreneurs à employer cette sorte de dallage, qui est d'un effet très-agréable et qui laisse, par sa nature, un vaste champ à l'imagination de nos décorateurs. La mosaïque se prête en effet à des compositions diverses en rapport avec la destination caractéristique des édifices dans lesquels elle peut être utilisée.

* * *

Nous donnerons dans notre prochain numéro le premier article d'un travail fort intéressant :

Essai sur l'histoire de la poterie française avec nombreuses gravures intercalées dans le texte. R. P.

ALBERT DURER

Nous signalions précédemment la quasi-universalité des grands ouvriers de la Renaissance; nous avons vu Bernard Palissy à la fois chimiste, physicien, peintre, modeleur, géomètre, potier de terre, et de son œuvre ne dédaignant rien, pas même les détails en apparence les plus vulgaires et les plus infimes. Tous les artistes de cette époque, même les Italiens, qui cependant étaient déjà des grands seigneurs, nous offriraient à peu près le même exemple. Ils composaient eux-mêmes leurs couleurs, et si déjà ils dédaignaient de les broyer de leurs propres mains, ce à quoi Palissy n'eût pas manqué, du moins ils les faisaient broyer sous leurs propres yeux par leurs élèves : or, les élèves du Pérugin s'appelaient parfois Raphaël... Artistes, ils pensaient qu'aucune branche de l'art ne leur pouvait rester indifférente; le peintre était en même temps poëte et musicien, comme Salvator Rosa ; le ciseleur Benvenuto Cellini quittait l'aiguière ou la coupe commencée pour jeter dans le monde la statue colossale du *Jupiter ;* Michel-Ange enfin, abandonnant pour quelques jours la brosse du *Jugement dernier*, faisait surgir du marbre le *Penserose* ou la *Nuit*. Puis jetant là son ciseau, le compas en main, il rêvait les grandioses architectures de Saint-Pierre.

Certes, tous les artistes n'avaient pas à leur service le génie de Michel-Ange, mais inférieurs à eux-mêmes dans certaines branches de l'art, ils les avaient néanmoins étudiées toutes et ne se parquaient pas, comme nos artistes modernes, dans une spécialité, disons plus, dans le genre particulier d'une spécialité.

Albert Dürer est un exemples les plus saillants de cette universalité d'études propre aux artistes de cette époque. Mis en apprentissage chez un peintre médiocre, Michel Walgemuth, lequel, de même que le Pérugin, ne dut la plus grande partie de sa réputation qu'à son illustre écolier, il resta pendant les premières années de sa vie en dehors de l'influence italienne, qui l'eût peut-être absorbé ; il ne vit pas la nature à travers les toiles des maîtres, mais à travers ses propres yeux, à travers son propre cerveau, cerveau allemand s'il en fut ! Ses premières œuvres, tableaux, gravures, respirent toutes le souffle mystique de l'Allemagne de Luther. Ce sont partout des allégories compliquées, un reflet des peintures philosophiques du moyen âge. Partout, même à côté du seigneur fièrement campé sur son destrier, de la dame noble au bras de son cavalier élégant, la mort est dans un coin avec son crâne dénudé, ses dents grinçantes, son ironique sourire.

Le pauvre grand homme, du reste, n'était pas payé pour voir la vie sous son aspect agréable. Cette mort des danses macabres se drapant galamment dans le velours et les soieries, il la traîna perpétuellement avec lui sous la forme de très-belle, mais très-acariâtre dame Agnès Frey. Agnès était grande, fière, froide, une statue vivante, une statue tellement belle que l'artiste en resta épris jusqu'à la mort, tellement froide que jusqu'à la mort l'amant en resta désespéré. En relisant la correspondance à Pirkeimer et les notes de voyage qu'un consciencieux éditeur, M. Charles Narrey, vient de remettre en lumière, on devine, plutôt qu'on ne trouve avoué, le secret de la tristesse d'Albert Dürer. Agnès Frey abusa du pouvoir qu'il lui avait laissé prendre pour éloigner tous ses amis, même les plus intimes. Dans les travaux de son mari, elle ne voyait qu'une fin, le résultat sonnant et trébuchant. Même le soir, déposant le pinceau, il fallait saisir le burin. Ne nous plaignons pas cependant, nous autres qui formons la postérité ingrate, d'un supplice qui nous a valu tant de joies. C'est, sans doute, grâce à cette obsession constante que Dürer, contraint de produire, de produire encore, de produire toujours, doit la plus grande part de son génie. Ce génie fût resté latent; c'est par la souffrance qu'il s'est révélé. C'est à Agnès Frey que l'on doit la meilleure partie d'Albert Dürer, comme à la Béjart on doit la meilleure partie de Molière; comme on doit la meilleure partie de Bernard Palissy aux insuccès cruels de ses premières tentatives.

Né en 1471, Albert Dürer mourut en 1528, et, dans l'espace de ces cinquante-sept années, accomplit une œuvre colossale. Ce sont des gravures sur cuivre : *Adam et Ève, Saint Jérôme*, le *Jugement de Pâris*, la *Famille du Satyre*, la *Sorcière*, le *Joueur de cornemuse*, la *Nativité;* des peintures sur cuivre aussi pour la plupart : le *Crucifiement*, la *Vierge et l'enfant Jésus*, la *Trinité*, conservés à Vienne. A Prague, le portrait de sa mère ; à Florence, le sien ; à Munich, les *Quatre Apôtres*. Ce sont enfin des gravures sur bois : l'*Arc triomphal de Maximilien I*[er], la *Passion de Notre Seigneur*, *Deux autres Passions*, l'*Apocalypse*, le *Martyre de saint Jean l'Évangéliste*, la *Vie de la Vierge*, le tout ne formant pas moins de 216 planches, et nous ne citons que les œuvres universellement connues.

Ce chercheur trouva tout : la couleur, l'exactitude absolue des formes anatomiques ; à travers les brumes du ciel allemand, il devina avec les yeux du génie des paysages qui, semble-t-il, tant ils sont lumineux, n'auraient pu être rêvés que sous les chauds rayons du Midi. Il est vrai qu'il ignore les lois de la perspective aérienne ; il ne les put entrevoir que plus tard, en contemplant les œuvres des Italiens, et il mourut trop vite pour mettre à profit le résultat de ses observations. Qu'importe, à cette ignorance il gagna son originalité profonde et ce dédain du convenu qui lui faisait écrire ces phrases caractéristiques : « L'homme qui cherche le beau rencontre le multiple et le divers, et il y a plusieurs voies pour atteindre la beauté... Il y a des corps d'Éthiopiens où la nature a mis une telle convenance et une telle harmonie qu'on ne peut rien concevoir de plus parfait. »

Rien de plus beau et de plus pur que la tête d'Albert Dürer, telle que plusieurs portraits gravés et peints par lui-même nous l'ont conservée. Avec ses longs cheveux d'un blond cendré, son regard mélancolique, on dirait une tête de Christ. Riche, il le fut; célèbre aussi de son vivant. Tels de ses voyages, malgré la naïveté de son récit, ont des allures de triomphe.

L'empereur, d'après une anecdote, apocryphe peut-être et inspirée par celle du pinceau du Titien, soutenait de sa main auguste l'échelle sur laquelle il peignait; Maximilien faisait tendre le dos à ses courtisans pour que l'artiste pût y poser le pied et atteindre à la hauteur de son tableau. Mais Albert Dürer devait trouver dans sa propre famille, à son propre foyer, ces souffrances que l'on dirait indispensables à l'éclosion du génie.

La douleur, en effet, voilà la seule note qui ne change pas à travers les siècles; elle vibre toujours de même dans le cœur humain, car il n'y a pas deux façons de souffrir ; au fond de toutes les œuvres immortelles, il y a toujours une immense tristesse.

Voilà pourquoi les plus ignorants s'arrêteront toujours émus, toujours impressionnés devant la moindre esquisse d'Albert Dürer. — D'autres vous diront qu'il fit jaillir vivante, chaude, colorée, toute l'école allemande de son cerveau. Voilà, certes, un titre de gloire peu vulgaire. — Nous préférons cependant à ces qualités de dessin et de couleur que nous sommes, sans doute, trop ignorants pour apprécier selon leur immense valeur, ce simple éloge : Il fut homme, il souffrit et sut traduire sa souffrance.

J. DU BOYS.

R. PFNOR, *Propriétaire-Directeur*.

Paris. — Typ. de Rouge frères, Dunod et Fresné, rue du Four-St-Germain, 43

SOMMAIRE. — Tenture de lit, Louis XIV. — Panneaux sculptés Louis XII. — Candélabre greco-romain. — Marteau de porte à Berlin. — Coffret XIVe siècle.

TENTURE DE LIT, LOUIS XIV.

BRODERIE SOUTACHÉE.

(Nos d'ordre 15 et 16)

Nous terminions la précédente livraison de notre recueil par la publication d'une série de lambrequins brodés en application de ruban. Dans la notice qui accompagnait nos gravures, nous indiquions la conformation générale des lits auxquels servait d'ordinaire ce genre d'ornementation. La planche chromolithographiée, que nous donnons aujourd'hui, sert de complément, pour ainsi dire, à notre dernier dessin.

La tenture brodée qu'elle représente fait le fond d'un lit à baldaquin qui figure dans la collection de M. Recappé. Changez la serge modeste on soie brochée, chatoyante aux rayons du jour et plus brillante encore à la discrète lueur des flambeaux, couvrez cette riche étoffe de rubans rouges, de soutaches habilement contournées, et vous aurez au lieu du lit fort humble que nous indiquions dernièrement, une couche d'une splendeur incomparable.

Aux *fiocchi* qui forment la fin de certains enroulements, à la couleur de pourpre de la broderie, on serait tenté d'attribuer la primitive possession de cette tenture à un prince de l'Église, mais la vue du sujet central vous en détourne, un cœur et une flèche ? Les rêves d'un prélat ne roulent pas d'ordinaire sur de pareils sujets.

Faisons remarquer en passant la forme particulière des ornements du bas de la tenture ; dans une prochaine livraison, nous donnerons un dossier de lit qui s'y adapte parfaitement. Le dessin des broderies était ici la plupart du temps commandé par l'œuvre du sculpteur.

PANNEAUX SCULPTÉS, LOUIS XII.

(No d'ordre 70)

L'époque Louis XII est une époque de transition : l'art, à ce moment, semble conserver encore quelque chose du moyen âge ; il ne quitte qu'à regret les enroulements gothiques, les fleurons empanachés, les colonnettes, ornés de lys et d'hermines (château de Blois), les accolades et les pignons aigus. Mais la folie de l'Italie a commencé. Charles VIII et les Français ont vu Florence et Rome; ses successeurs ne tarderont pas à couvrir les plaines du Milanais des ossements blanchis de leurs malheureux sujets.

On sent dans les panneaux de bois sculpté que nous donnons, passer comme un souffle de l'art ultramontain. Ces têtes en saillie dans des cercles font songer à Lucca della Robia et à ses blanches figures, font rêver aux plats de Faënza, ornés de ces belles têtes de femmes au regard si doux, se détachant sur des fonds bleus. Les petits anges sont déjà maniérés et les rinceaux si fortement taillés dans le bois vif n'ont presque plus rien, dans l'aspect, de la végétation française.

Ces panneaux étaient-ils seuls, faisaient-ils partie d'un meuble complet, c'est ce que nous ne pourrions dire, n'en possédant absolument que l'échantillon que nous offrons.

Ce qu'ils signifient? — Puisque l'on nous permet les hypothèses, nous nous hasarderons à l'indiquer. Le lecteur se souvient de nos panneaux peints des quatre éléments. Nous avons promis le même sujet sculpté, nous ne tarderons pas à le publier. Ici le génie qui tient une boule, aux pieds duquel on en voit une autre, nous semble représenter *la terre*, celui qui porte un flambeau, symboliserait *le feu*.

Le reste du meuble manque, il donnerait sans doute une explication plus complète de la pensée du sculpteur. Mais tout nous porte à croire qu'il avait dû y figurer l'*air* et l'*eau*. Les cabinets italiens de cette époque sont couverts de figures analogues.

CANDÉLABRE GRECO-ROMAIN.

PARTIE SUPÉRIEURE. — BRONZE DORÉ. — MUSÉE DU VATICAN.

(N° d'ordre 49)

Nous n'avons pas à nous occuper de la destination probable et de l'usage de l'objet que représente notre gravure. Les savantes recherches des archéologues de la fin du XVIIIe siècle et du commencement du XIXe nous dispensent de ce soin. Nous n'avons qu'à y renvoyer nos lecteurs; si nous donnons ce candélabre, c'est uniquement pour montrer le parti que l'ornementation peut retirer de la contemplation de la nature, dans les riches produits de la flore de ces pays aimés des Dieux. L'acanthe se transforme, s'agence d'une adorable manière, au gré de l'artiste qui suit les courbes, selon ses besoins et ses désirs.

Le Grec, à l'aspect de cette plante, forma tout d'abord (on connait la légende de la corbeille oubliée dans un jardin) cet admirable chapiteau corinthien, resté comme type de pureté de lignes; plus tard il ne dédaigna pas de l'employer pour des usages plus vulgaires, comme le démontre l'estampe qui nous occupe. Les artistes de la renaissance italienne, par tradition, s'en emparèrent et s'en servirent, on sait avec quel bonheur. La génération qui nous a précédé la remit en honneur. On peut, malgré les préoccupations modernes qui semblent faire fi de tout ce qui est spécialement antique, y revenir encore; il est toujours bon de se retremper aux vraies sources du beau. Où le trouver mieux qu'en Grèce? où le trouver mieux que dans la Rome antique, cette fille légitime d'Athènes, qui ne perdit momentanément l'héritage de sa mère, l'éloquence, la poésie et le sentiment des arts qu'avec la liberté.

MARTEAU DE PORTE,

A BERLIN.

(N° d'ordre, 28)

Nous nous étions plaints dernièrement du manque de signification de nos fermetures de porte, de la disparition des symboles, aux seuils de nos demeures; voilà qu'il nous arrive d'Allemagne (décidément c'est donc de ce côté-là que nous vient aujourd'hui la lumière), voilà qu'il nous arrive une composition qui joint à l'élégance tant cherchée la pensée que nous réclamons à grands cris. Il était de notre devoir de lui donner place parmi nos modèles; nous ne pouvons que remercier M. Kolscher d'une œuvre aussi gracieuse et nous nous hâtons de la signaler aux inventeurs français. En avant, messieurs du bronze, il y va de votre honneur national, vous laisserez-vous donc toujours dépasser par vos confrères d'Outre-Rhin?

COFFRET, XIVe SIÈCLE.

(N° d'ordre, 48)

Le coffret joue dans nos modernes boudoirs, un rôle excessivement important et la place d'honneur, sur la toilette d'une jeune femme est au coffret. Nos mères avaient les boîtes à poudre, les boîtes à pâte, les boîtes à mouches assassines, etc. Nos sœurs les ont remplacées par le coffret. Le coffret est plus discret, il cache et renferme tout.

Quelques industriels parisiens se sont fait un nom par leurs coffrets. Vraiment, je ne sais pourquoi, les étalages du boulevard et particulièrement les étalages de ces industriels, regorgent de banalités incroyables. Le Louvre et Cluny, au contraire, renferment des spécimens qui, pour être plus anciens, n'en ont que plus de caractère. Il est temps de remplacer les types; nous ouvrons la route : quelques clous, deux ou trois morceaux de fer taillé, une poignée qui, par sa coupe originale et délicate, semble se réserver aux doigts effilés d'une nymphe de Jean Goujon. Voilà notre premier jalon dans cette voie; — qu'il donne l'éveil et que le bois grassement et lourdement contourné si fort à la mode fasse la place qu'il mérite au fer travaillé, c'est notre plus vive ambition!

H. DU C.

Typ. Rouge frères, Dunon et Fresné, r. du Four-St-Germ., 43.

ORNEMENTATION USUELLE

DE TOUTES LES ÉPOQUES

S'adresser, 146, rue de Vaugirard, à Paris, pour tout ce qui regarde l'administration; pour tout ce qui regarde la rédaction, à M. HENRI DU CLEUZIOU, à la même adresse; et pour les abonnements, à MM. DEVIENNE ET Ce, éditeurs, 18, rue Bonaparte, Paris.

CHRONIQUE
DE
L'EXPOSITION UNIVERSELLE

Primo vivere, tel est l'axiome que les futurs habitants de l'Exposition universelle ont tenu à mettre immédiatement en pratique. Après avoir passé le tourniquet provisoire de la rue Saint-Dominique, ce que l'on commence à voir tout d'abord au Palais du champ de Mars, ce sont des restaurants, des brasseries, des cafés, des déjeuners à 3 francs avec demi-bouteille, des diners à 5 francs avec une bouteille entière. Déjà les hommes du tablier blanc circulent, crient, fonctionnent sur toute la ligne.

Le premier cercle de l'enfer de tôle s'appelle officiellement Galerie des aliments, et devrait se nommer le Cercle des gourmands. Il n'y aura pas d'Ugolin à Paris en 1867, la Commission et M. Rouzé y ont déjà mis bon ordre.

Le second cercle se meuble, on y monte des orgues d'église; quel effet splendide devront faire au milieu des sifflets des machines, des ronflements de la vapeur, des grincements des scies circulaires, les notes graves du chant grégorien!

Puis, lorsque l'on pénètre plus avant, l'œil se repose sur une série de petits cabinets semblables, identiques, qui portent les noms célèbres des commerçants français. Tulles et dentelles, laines peignées et laines cardées, fils et cotons, cuirs et peaux, zinc d'art et soieries, éclairage et parfumerie, etc., etc.

Les industriels des bords de la Seine, de la Loire et de l'Oise obtiendront, grâce à l'exhibition de leurs produits, des mentions excessivement honorables à la distribution des prix du mois de juillet; mais ce dont on ne saurait trop les louer, c'est d'être arrivés à résoudre un problème d'une insurmontable difficulté. Obtenir l'uniformité dans la variété ou, si vous le voulez, la variété dans l'uniforme.

Leurs boutiques feraient envie pour la tenue à un régiment de ligne, un jour de grande revue. Divisées et subdivisées hiérarchiquement, elles sont toutes d'une régularité irréprochables. Pas de concurrence, ces messieurs vont s'avancer avec une égalité divinement fraternelle, par sections, par divisions, par bataillons vers la gloire, vers l'immortalité, etc., etc., etc.

Vive Dieu! quelle belle chose que le militarisme dans l'industrie. Après tout, Shakespeare a dit que les Français étaient les soldats de Dieu, c'est peut-être pour cela qu'ils tiennent à le prouver à l'univers.

Lorsque l'on est parvenu à sortir de ce labyrinthe de couloirs, on pousse comme un soupir de soulagement en apercevant les bois découpés et variés de la Suède, du Danemark et de la Russie. Ces peuples du nord ont des montres délicieuses de finesse et d'élégance; les Russes, surtout, ne souffrent aucune concurrence sur ce point. Il faudrait que leur exposition fût bien médiocre pour ne pas obtenir un plein succès au Palais de l'Industrie. Après la Russie vient l'Orient. Les châles de Kachmir, les tapis de Perse, se seraient crus dépaysés dans des armoires à glaces en bois noir, avec filets de cuivre, on leur a fait un nid digne de leurs harmonieuses couleurs. Je ne sais ce qui vous retient déjà au milieu de ces richesses d'or, d'argent, de pourpre et de sinople, on y reste malgré soi. Après les neiges de la Scandinavie, le soleil du Bosphore et de l'Indus. Pays des houris et des fées, que ne tenez-vous plus de place en ce palais tout rond? On n'en sortirait plus, enchanté qu'on serait par le charme de vos chefs-d'œuvre.

Teintes pâles d'Albion la puissante, pourquoi faites-vous fuir à tire d'ailes les songes des *Mille et une Nuits* ébauchés tout à l'heure. L'Exposition anglaise a eu du moins le bon sens de ne pas se parquer, se caser, se classer, se numéroter, s'uniformiser comme la nôtre; on déballe, nous n'en avons encore rien à dire.

Le cercle des Beaux-Arts se termine, la cour intérieure reste la même. Oh! la cour intérieure! Dans cette immense foire Saint-Germain que prépare la ville de Paris, on aurait pu croire, malgré la présence d'un théâtre, qu'on avait oublié la baraque traditionnelle, les architectes ne l'ont pas voulu. Le cirque Olympique, qui forme le noyau central du Palais, est construit pour le rappeler. Il se trouvera évidemment un industriel américain qui le louera pour y faire des courses de char, pour y établir des Léotards transatlantiques : il ne peut servir qu'à cela.

En dehors du palais, les fermes, les étables, les magnaneries, les chaumières, émaillent le parc déjà tracé. Nous avons parlé des Russes, des Suédois, des Norwégiens et des Suisses, nous y reviendrons en leur temps.

La mosquée dresse, vers le ciel, son minaret; mais sur la galerie, d'où le muezzin jettera sans doute sa prière aux fidèles, se penche encore le Gavroche en blouse, qui crie à ses camarades, de sa voix gouailleuse : « Ohé! les autres, du plâtre ou des briques! »

Le grand temple égyptien se couvre de peintures admirables : l'œil blanc des statues se dessine sur la teinte jaune des visages calmes; les grandes ailes de l'âme immortelle s'étendent au milieu des frises, mais si l'on s'avance auprès de ces colonnades majestueuses, ce n'est pas le grand prêtre d'Isis, qui sort de la porte sacrée pour vous bénir, c'est un sergent de ville, la moustache en croc, qui vous crie : « Circulez! »

Des drapeaux indiquent partout les nationalités diverses, qui doivent concourir à l'ensemble vraiment superbe de ce jardin, merveille de l'Exposition prochaine. Les croix cantonnées des riverains de la Baltique, l'aigle noir de la Prusse, la fasce blanche de l'Autriche, les libres étoiles de l'Amérique, les croissants des fils du prophète, tout vole, ondule et se replie au gré de la brise parisienne, étonnée d'unir ces couleurs parfois ennemies, dans ce champ de guerre devenu terre de paix et de fraternelle union.

Lorsque l'on traverse l'avenue d'Europe, l'uniforme reparaît au milieu du parc français. A quoi serviront donc tous ces hangars? On disait que nous avions oublié la politesse. — Calomnie! —Lorsque l'on reçoit un visiteur, on ne rivalise pas de luxe avec lui. C'est sans doute dans ce but que le quartier français a cru devoir rester d'une si remarquable simplicité. Il ne veut briller que par les fleurs. L'exposition d'horticulture promet d'être aussi charmante que possible. Ce petit Éden sera le rendez-vous des enfants et des femmes : Qui se ressemble s'assemble. Si la galanterie prenait fantaisie d'émigrer loin de sa patrie d'élection, on la retrouverait encore au cœur du jardinier français.

HENRI DU CLEUZIOU.

LES ARTS PARISIENS.

LE MEUBLE

(*Suite*)

Nous avons vu quel était à peu près l'ancien mobilier. Un beau régime de bahuts régnait en appui le long du mur. *Bahut*, de *bas-hu* ou *basse-huche*, est un mot d'emploi progressif, à l'inverse d'armoire, bibliothèque et buffet. Le bahut fut d'abord une enveloppe en osier recouverte en cuir, laquelle servait, dans les voyages, à garantir d'offense le coffre ou la malle du voyageur. Nous avons cela en toile, et les chargeurs du chemin de fer s'en divertissent très-déplorablement. Plus tard, le coffre se perfectionna, la malle prit des tiroirs; de nomade qu'il était, le contenu devint fixe et prit le nom du contenant. On diversifia la forme et l'usage : il y eut le bahut de hauteur moyenne qui servait volontiers de table; il y eut le bahut moins haut qui servait de banc; il y eut le bahut encore plus humble du pauvre, qui servait de lit. Sa décoration suivit à peu près celle de l'armoire. Cependant le bahut sculpté est plus ancien que l'armoire sculptée; on mariait déjà dans le bahut les deux systèmes d'ornement, quand l'armoire n'en était encore qu'à la peinture.

Ceux qui fabriquaient ces huches hautes et basses furent, au commencement, des artisans très-vulgaires. On les appelait *huchers* et, vers le treizième siècle encore, ils appartenaient à la corporation des charpentiers, comme ouvriers *de la petite cognée* tout au plus, faisant portes, fenêtres, volets, bancs et coffres. Les menuisiers en lits et les faiseurs de tables, dits alors *tabletiers*, les méprisaient ou les tenaient à distance. La fille d'un tabletier eût dérogé avec un hucher. Mais plus tard ces huchers ou huchiers s'élevèrent; l'art leur était tombé de la Flandre ou du ciel. Parurent un jour les superbes bahuts de mariage du quatorzième siècle, avec leurs gravures pleines d'accent, leurs bas-reliefs souverains, leurs cariatides puissantes, vastes et royaux coffres à serrer, comme disent les mémoires, *habits et amants sans les plier*.

Alors le bahut, ennobli de son chef, quitta le vestibule et vint habiter la chambre. Jusqu'à la Renaissance il fut en progrès et en honneur. Puis naquit un autre mobilier, qui le vieillit et le détrôna. Aujourd'hui nous avons encore le petit bahut sur quatre pieds, qui est un *cabinet* où l'on met des bijoux, des bonbons ou des cigares. La huche du paysan servant à faire le pain noir, le coffre à avoine des défunts maîtres de poste sont aussi des bahuts. Les bancs creux de l'antichambre pour la provision de bois quotidienne, bahuts. Les comptoirs des grandes boutiques où couchent les commis qu'on ne paye point, bahuts. Le coffre illustre de l'Opéra, rendez-vous d'amour et d'intrigue à la porte du foyer, bahut! Le coffre blindé du matelot qui pour lui renferme tout, maison, famille et patrie, bahut, etc.

Ces grands logis des ancêtres avaient un inconvénient grand comme eux, il y faisait froid. Passe encore après que les cheminées furent inventées, mais avant les cheminées. On était réduit, pendant l'hiver, à promener par les salles longues de l'abbaye ou du château, des réchauds ou des brasiers sur roulettes, chefs-d'œuvre en fer forgé remplis de braises ardentes. Or, les fenêtres n'avaient pas encore de vitres; et même aujourd'hui toute l'Espagne n'y est point arrivée, ni toute l'Italie non plus. C'est au Nord seulement qu'on sait se chauffer. Les dames du moyen âge avaient des *chauffe-doux*, tièdes et naïfs comme le *pot-à-couver* des dentelières dieppoises, et les seigneurs battaient la semelle. Et tout ne fut pas dit avec l'énorme cheminée, au tirage bruyant comme un soufflet d'usine, où des arbres entraient sciés en deux. On eut alors des *pare-à-vents* et des *ôte-vents* (paravents et auvents), des *éperons*, des *clotets*. C'était comme des sortes de tambours, composés de deux joues et d'un plafond, qu'on plaçait contre les portes à l'intérieur : une draperie portière fermait l'ouverture, ou plus simplement des tentures libres, aux anneaux courant sur leurs tringles. Nos tapissiers, quand ils ne s'en font pas trop accroire, imitent fort bien tout cela. Le paravent à feuilles nous fut donné plus tard ; Louis XI en avait un derrière lequel il cachait des auditeurs de ses entretiens secrets, afin, au besoin, de pouvoir tout trahir sans rien révéler. C'était un homme effrayant d'esprit.

La difficulté de chauffer les appartements produisit une maternité splendide; elle créa le luxe des tapis et des tapisseries. Les églises en eurent avant les palais, les couvents avant les châteaux; et c'était de droit, la crosse avant l'épée, *cedant arma cruci*. On trouve une fabrique de tapisseries par les religieux de Saint-Florent, à Saumur, en 985. Voilà probablement encore un art venu d'Égypte et que les Romains donnèrent à l'Occident en consolation de la conquête. On pouvait, comme vous voyez, honorer les oignons, adorer les chats et déifier les crocodiles sans être autrement maladroit ni barbare. Poitiers, Troyes, Beauvais, Reims, Saint-Quentin, Arras, firent bientôt comme Saumur; et c'était partout le travail égyptien, *la haute lisse*, qui veut dire la chaîne placée verticalement sur le métier. Ce fut encore ainsi, je pense, qu'on dut travailler à Fontainebleau lorsque François Ier y établit la première manufacture royale de tapisseries françaises, sous des maîtres italiens et flamands. Quant au tapis velouté, il fut d'importation arabe ; c'est pourquoi on l'appelait *sarrasinois* du nom de ses producteurs sarrasins. Certains chrétiens, voulant et croyant tout arranger, faisaient exorciser et bénir ces tapis avant de s'en servir, à cause de Mahomet le maudit, chamelier, faux prophète et polygame, homme d'extraction, de profession et de moralité douteuses.

Quoi qu'il en soit, ce fut le retour des croisades qui donna le goût du tapis à terre, au lieu du paillasson vulgaire et de la natte beaucoup trop fraîche : jusque-là ces riches étoffes aux plis lourds avaient servi de rideaux, de cloisons et de clôtures. A Versailles même, sous le grand roi, on eut des portières en tapisserie sans portes, qui étaient l'inverse des glaces sans tain. Ici, entendre et ne pas voir, là voir et ne pas entendre : lequel valait mieux? Sur les murailles étaient des boiseries, du cuir doré, de l'étoffe ornée ou des toiles peintes. Les toiles peintes ont joué un grand rôle dans l'histoire de notre vieux temps : c'était comme une presse gardée libre en son peu de ressources et de savoir. L'écrivain au pinceau mettait là-dessus sa pensée, sa fantaisie, son hommage ou sa critique, ses enthousiasmes ou ses vengeances, comme l'écrivain au ciseau sur le bois des maisons et sur la pierre des cathédrales ; et tous deux étant du peuple parlaient au nom du peuple. Dans les fêtes publiques on tendait les rues de toiles peintes, où le Paris du quinzième siècle a lu bien des satires. En voici une entre autres : c'est un bonhomme, Jacques Bonhomme peut-être, regardant attentivement une toile d'araignée ourdie entre deux arbres; un fou passe et l'interpelle :

> Bonhomme, dis moy, si tu daignes;
> Que regardes tu en ce boiz?

A quoi le travailleur répond :

> Je pence aux toiles des éreignes
> Qui sont semblables à nos droitz.
> Grosses mouches en tous endroitz
> Passent; les petites sont prises.

Le fou, sentencieusement :

> Les petits sont subjectz aux loiz,
> Et les grands en font à leurs guises.

Pour tendre une chambre en toile peinte, on appliquait une étoffe de laine sur le mur et on la doublait extérieurement d'une toile fortement encollée dessus et dessous; puis, selon son talent, le peintre couvrait cela de métamorphoses, de chasses, de paysages, d'histoires, de fables, de batailles. Il exposait par allégories, dans la salle à manger, les dangers de trop banqueter et trop boire ; il entourait les couchers de bergeries et d'amourettes, ou de tristesses et de saintetés, suivant l'âge des maîtres et la couleur de la maison. Et quand on réfléchit à tout ce qui se faisait déjà, on trouve que nous n'avons pas beaucoup ni toujours gagné dans le charme et l'amusement du logis et l'on croirait volontiers, avec M. Viollet-le-Duc, qu'au temps de Charles V, par exemple, les nobles et les bourgeois étaient mieux logés qu'ils ne le furent sous Louis XIV.

Nous connaissons cependant ou nous croyons connaître ce qu'ils n'avaient pas soupçonné, le *confortable*, une chose anglaise qui est bonne mais qui n'est pas gaie. Confortable veut dire commode, qui veut presque toujours dire froid.

AUGUSTE LUCHET.

ESSAI
SUR
L'HISTOIRE DE LA POTERIE FRANÇAISE

I

Coup d'œil général. — La fleur de lotus, la coupe.

De toutes les études archéologiques, aucune, ce me semble, ne fournit plus de preuves à l'idée de l'origine commune de certains peuples, que l'étude de l'art de terre.

Lorsque l'homme, errant au milieu des ruines étranges de Chichen Itza, d'Uxmal ou de Pallenqué, s'arrête étonné devant les sculptures, aux enchevêtrements inextricables, qui décorent les façades du palais des nonnes et du grand cirque des tigres; s'il vient à demander à son intelligence l'explication de la bizarre énigme qu'il a devant lui, il sentira ses yeux se tourner comme instinctivement vers les cactus, les aloès, les bananiers et les mille plantes diverses qui croissent aujourd'hui sur ces murs. La nature voisine lui répondra. A la végétation des tropiques, au babillage des perroquets, au sifflement aigu des geais bleus, aux serpents, aux iguanes, correspond directement l'art des teocalis du Mexique.

Si, tout au contraire, le même homme gravissant les assises des Pyramides, jette un long regard sur les immenses ruines qui parsèment en cet endroit les rives du Nil, il comprendra comment au milieu des sables du désert et devant les horizons mornes. le sculpteur n'a trouvé à modeler dans le granit rose que le calme et froid visage des Androsphinx à profiler sur les arides collines que les silencieux colosses de Memnon, à creuser dans la pierre que les régulières cavernes d'Ipsamboul.

Fig. 1.
Coupe Assyrienne. — Bas-relief de Khorsabad, — Musée du Louvre.

Fig. 2.
Coupe Gauloise. — Musée céramique de Sèvres.
Hauteur : 06 centimètres.

Pourquoi, s'il soulève les dalles des nécropoles de l'Eptanomide, s'il pénètre dans les sanctuaires oubliés des Aztèques et des Incas, ne verra-t-il au contraire, en fouillant la poussière des sépulcres, que le même type dans les vases, la même forme et le même caractère dans les poteries de provenances si différentes. (*Fig.* 1, 2, 3, 4.)

Il nous a paru curieux d'en chercher la raison. Ce sont les observations qui résultent de cette étude, que nous soumettons ici à l'appréciation désintéressée du lecteur.

La terre a respecté la terre, et de ces âges si reculés, ce qu'elle a gardé le mieux, ce ne sont ni les sceptres, ni les couronnes, ni les diadèmes des pasteurs des peuples, mais bien les vases durcis au feu, ce qu'il y a de plus léger, de plus commun, de plus fragile. Aussi les exemples ne nous feront, je l'espère, aucunement défaut pour venir à l'appui de notre thèse. (*Fig.* 5 et 6.)

Fig. 3.
Coupe Péruvienne.
Musée Ethnographique.
Hauteur : 05 cent.

Fig. 4.
Coupe Gauloise.
Musée céramique de Sèvres.
Hauteur : 04 cent.

Il existe une tradition commune à deux peuples séparés depuis bien des siècles, mais qui furent jadis certainement unis, si l'on peut conclure de l'identité des croyances à l'identité des races ; comme elle se rattache par son objet à notre travail, qu'on nous permette de la résumer en quelques mots.

Un des premiers principes de la religion sike est la foi au *bassin de l'immortalité Amritzar.* Lorsqu'un nouveau fidèle se fait initier, on lui présente des armes, une *lance* entre autres ; on lui fait boire une COUPE d'eau sacrée, remuée avec un poignard, puis l'on récite sur lui des versets du livre de Gourou-Govind. « J'ai bien voyagé, chaque contrée je l'ai traversée, mais je n'ai vu nulle part la vérité divine, » etc., etc.; puis le maître dit au disciple : « Succès au Gourou, cette boisson est *l'eau de la vie*, bois-la. » Il y a dans le pays de Galles un conte, celui de *Pérédur*, répandu en armorique sous le nom de Peronnik, le conte du *chevalier du bassin.* Or, savez-vous quelle est la quête de ce Pérédur, il cherche une COUPE magique, le trésor entier des connaissances humaines, une coupe dont la sainteté ne peut être expliquée en aucune langue sans que les quatre éléments ne soient bouleversés, le ciel fondu, l'air obscurci, la terre ébranlée, l'eau noircie ; car elle est *la vie de la vie.* Cette coupe est gardée dans un château situé au milieu d'un lac et qui s'appelle le Château des merveilles (le temple doré d'Amritzar est de même entouré d'eau de tous côtés). Pour conquérir le fameux *graal*, pour triompher des monstres qui le surveillent, une jeune *fille noire*, qui porte une *lance* d'où coule du sang, donne au chevalier rendez-vous *du côté de l'Inde* et le munit d'une pierre précieuse en retour d'une promesse d'amour infini (1).

Fig. 5.
Vase Egyptien. — Musée du Louvre.
Hauteur : 25 cent.

Fig. 6.
Vase Américain.
Musée Ethnographique.
Hauteur : 27 cent.

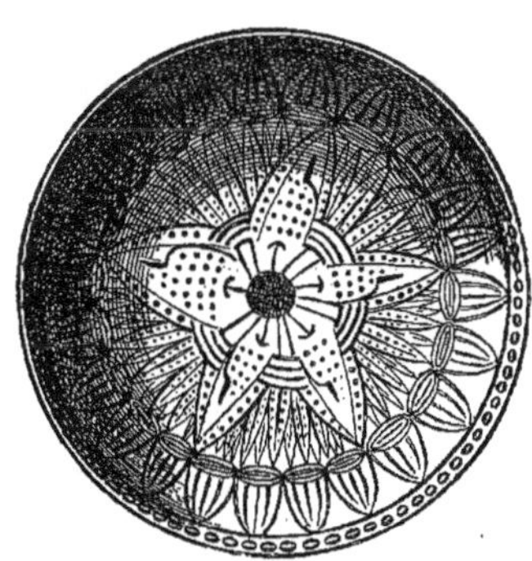

Fig. 7.
Coupe Egyptienne, Lotus épanoui. — Musée du Louvre.
Diamètre : 20 centimètres.

L'analogie ne vous semble-t-elle pas extraordinaire, la jeune fille noire, la coupe, la lance, ce rendez-vous dans les pays du Gange, en voilà bien assez, je crois, pour établir l'étroite parenté de la cérémonie du Penjab avec le Guers gaëllique.

(1) Le Graal, grâce à des interpolations postérieures, qui nous valurent du reste probablement sa conservation, devint le Paropsyde dans lequel le Seigneur fit la Cène avec ses disciples. « *Catino illo, vel paropsyde in quo Dominus cœnavit cum discipulis suis.* » Ou bien le vase dans lequel Joseph d'Arimathie recueillit son divin sang, et la lance, celle dont Longus perça le côté du Christ. On reconnaît le menhir, sur lequel le moine du dixième siècle a gravé la croix au pied fiché pour le sanctifier, mais qui reste quand même pour ceux qui savent « la Pierre du souvenir. » Cette coupe est évidemment d'origine celtique. Taliesin dit quelque part qu'il fut initié au mystère du bassin.

D'où vient ce culte de la COUPE dont l'origine, retrouvée de la sorte aux deux extrémités de la terre (*Fig* 2 et 3), au point de départ comme au point d'arrivée de la grande émigration humaine, dont l'origine, disons-nous, se rattacherait aux premières fraternités de la famille primitive.....?

Une autre tradition plus générale, un symbole bien plus important, parce qu'on le retrouve en grand honneur, non-seulement au centre de l'Hindoustan, mais en Chine, au Japon, en Egypte, en Assyrie, et peut-être ailleurs, si l'on voulait bien chercher une autre tradition symbolique, est celle de la FLEUR DE LOTUS. (*Fig* 7.)

Fig. 8.
Calice Egyptien, orné de lotus, trouvé en Etrurie.
Musée céramique de Sèvres.
Hauteur : 07 cent.

Fig. 9.
Calice Egyptien, orné de lotus.
Musée du Louvre.
Hauteur 05 cent.

Lorsque Thèbes la glorieuse, Thèbes aux cent portes, n'était encore que le roc de collines qui entouraient le Nil débordé, le premier être qui toucha cette terre vit flotter à la surface du fleuve une fleur.

Accablé par la privation d'une lutte obstinée contre les eaux, c'était l'heure des grands cataclysmes, il se sentit comme renaître à la vue de ce premier effort du soleil et de la terre sur l'onde funeste, il prit la fleur et l'éleva vers le ciel. (*Fig* 1.) Au dedans de la corolle de lotus, cette première coupe du premier sacrifice, il entrevit des fruits, des graines, il s'en nourrit, il en fit du pain (*Fig.* 8 et 9) (1). Le Lotus, dès lors, fut le symbole de la renaissance, de la régénération, il devint la fleur sacrée.

HENRI DU CLEUZIOU.

(*La suite à la prochaine livraison.*)

BULLETIN

On lit dans le *Moniteur* :

« Les nombreux étrangers qu'attirera l'Exposition universelle ne voudront pas quitter Paris sans avoir visité nos palais impériaux. Pour donner plus d'intérêt encore à cette visite, S. M. l'Impératrice a eu l'heureuse pensée de réunir au château de la Malmaison et au petit Trianon les meubles, tableaux et objets divers se rattachant par un lien authentique au souvenir des hôtes illustres de ces deux demeures historiques.

« Une commission spéciale, dont le général comte Lepic, aide de camp de l'Empereur, surintendant des palais impériaux, est le président, et dont M. de Lescure, attaché au cabinet du ministre d'État et des finances, est le secrétaire, a été chargée de rechercher et de réunir tous les meubles et les objets répondant au but que se propose Sa Majesté. Déjà l'Empereur et l'Impératrice ont mis à la disposition de la Commission tout ce qui, dans leur collection privée ou dans les magasins du garde-meuble, pourrait convenir au cadre qu'elle doit remplir.

« La Commission fait appel aux amateurs et collectionneurs qui voudraient concourir au succès de cette exposition rétrospective, déjà assurée des libérales communications des principaux cabinets de Paris. L'administration du mobilier de la Couronne est chargée, sous la direction de la Commission, de tout ce qui concerne le transport, le placement et la conservation des objets exposés, offrant ainsi toutes les garanties désirables. »

Voici assurément une excellente idée, et sous les auspices de S. M. l'Impératrice, nous verrons revivre cette charmante résidence de la reine Marie-Antoinette, le petit Trianon, que nous avons étudié et publié il y a quelques années.

Espérons donc aussi que nous verrons en même temps disparaître l'affreux badigeon gris qui couvre de toutes parts les fines sculptures des salons, les plafonds et les chambranles !

La nomination de M. le général comte Lepic, collectionneur ardent, chercheur infatigable et artiste sous tous les rapports, comme président de la commission, est une garantie pour tout le monde et spécialement pour les artistes, de la bonne exécution du programme que le *Moniteur* nous annonce, et le résultat de ses recherches et de ses études sera assurément une merveille !

EXPOSITION UNIVERSELLE. — Le ministre d'État et des finances, vice-président de la Commission impériale,

Vu l'article 43 du règlement général fixant les délais accordés aux exposants pour l'envoi de leurs produits, etc.;

Considérant que la Commission impériale a rempli toutes les obligations stipulées par le règlement général, pour assurer la remise des lieux en temps utile, etc.;

Considérant que le chemin de fer de ceinture de Paris fonctionne régulièrement et communique avec la voie ferrée établie dans le Champ-de-Mars, au pourtour du Palais, et que cette voie sert, depuis le 1er février, au transport des objets lourds ou encombrants, etc.

Considérant qu'aux expositions précédentes, un certain nombre d'exposants ont retardé au delà du jour de l'ouverture l'envoi de leurs produits, soit par négligence, soit pour présenter au jury des produits plus récemment déballés et d'un aspect plus avantageux, et que les exposants plus exacts se sont plaints de ce que leur installation eût ainsi servi de modèle à leurs voisins moins diligents ;

Considérant que la Commission impériale a le devoir de protéger les exposants exacts contre les inconvénients de ce genre qui pourraient se reproduire, et qu'en conséquence elle doit maintenir strictement les pénalités relatives à l'inobservation des délais fixés par le règlement général ;

Considérant enfin qu'à l'étranger, comme en France, on persiste à affirmer que la Commission impériale reculera l'époque de l'ouverture ; qu'il importe donc de mettre les exposants en garde contre ces affirmations erronées, et de les préserver ainsi de graves mécomptes,

Arrête :

Art. 1er. La Commission impériale procédera le 11 mars à la reconnaissance des lieux et dressera la liste des exposants dont les produits n'auront pas été amenés dans l'enceinte du Champ-de-Mars.

Art. 2. Les jurys de classe procéderont le 29 mars à l'in-

(1) On connaît la propriété du Nelumbium, lys du Nil, fève d'Egypte dont se nourrissent encore de nos jours les pauvres gens qui habitent les lacs du Kachmir.

spection générale, et ils dresseront la liste des exposants dont l'installation ne sera pas complétement achevée et garnie de produits.

Art. 3. Les exposants mentionnés sur ces deux listes ne seront pas admis à concourir pour les récompenses.

Art. 4. Le conseiller d'Etat, commissaire général, est chargé de l'exécution du présent arrêté.

Paris, le 18 février 1867.

Le Ministre d'Etat et des finances, vice-président de la Commission impériale,
E. ROUHER.

Pour ampliation :
Le Conseiller d'Etat, commissaire, général,
F. LE PLAY.

***

BEAUX-ARTS. — Les travaux du jury français pour la section de peinture, sculpture et architecture sont terminés depuis quelques jours. On peut donc dès à présent donner les chiffres des morceaux exposés : peinture, 550; statues, 102; têtes ou bustes en marbre ou terre cuite, 40; gravures, 83; lithographies, 23; architecture, 28; en tout, 826.

***

Il vient d'arriver de Rome, à destination du palais de l'Exposition, des bijoux, mosaïques, camées, des objets d'art de toute nature, et notamment un plan en relief *d'un demi-mille carré* de la ville de Rome. On y voit figurer les monuments de la cité antique, ainsi que ses sept collines. Le point culminant est le mont Aventin.

On remarque aussi dans cet envoi le modèle, sur une assez grande échelle, d'une catacombe avec ses galeries, ses longues rangées de tombeaux, ses chapelles, ses fresques, ses inscriptions. Ce curieux travail est l'œuvre de M. de Rossi.

Le P. Sechi y a joint un nouvel instrument astronomique dont il est l'inventeur ; un *météorographe.*

***

Il est bon de rappeler aux artistes que les œuvres destinées au Salon annuel doivent être déposées au Palais de l'Industrie avant le 10 mars prochain, délai de rigueur. R. P.

BIBLIOGRAPHIE. — Nous devons signaler à nos lecteurs deux ouvrages nouveaux qui ont spécialement trait aux matières qui nous occupent d'habitude. Ce sont : *Les Chefs-d'œuvre des Arts industriels*, par M. Philippe Burty (Paris, Ducrocq) et *l'Histoire des Faïences patriotiques sous la Révolution*, de M. Champfleury (Paris, Dentu). M. Burty à l'érudition la plus solide, joint un style d'un charme véritablement entraînant, soit qu'il traite de la céramique, de la verrerie, des émaux, de l'orfévrerie, des bijoux, de la tapisserie, on le lit sans fatigue.

Il vous initie sans qu'on s'en aperçoive aux joies indicibles, réservées aux seuls collectionneurs. Si l'on nous permettait une comparaison, peut-être hasardée, nous oserions dire de lui qu'il est assez semblable, dans son œuvre, à ces beaux pages au corselet d'acier revêtu de velours et de soie. Au dehors, dans les formes, la richesse la plus ample, la plus chatoyante ; au-dessous, dans le fond, la force la plus vigoureuse. On peut ne pas partager entièrement ses opinions, entre autres celle qu'il émet sur la faïence d'Oiron. Mais on est saisi par la magie de sa plume. Il serait homme à vous enlever vos plus chères illusions, si l'on ne s'y accrochait quand même avec toute la ténacité d'une inébranlable conviction. Son livre traite des chefs-d'œuvre avec la dignité de parole qu'on devrait toujours avoir, quand il vous est donné d'entretenir quelqu'une des sublimes pensées des vieux âges.

M. Champfleury, lui, qui fait fi des mascarons et des satyres, des tritons et des tritonesses, se coiffe du bonnet rouge, chausse les sabots du bataillon de la Moselle, jette une carmagnole sur sa chemise et chante le *Çon du canon* avec un entrain plein de verve. Il plante sur la terre de Nevers « le drapeau de la faïence parlante » et découvre un art naïf et grandiose où l'on ne voulait voir jusqu'ici qu'une barbarie échevelée et sanglante.

M. Champfleury, parlant de l'idéal des choses grossières de cette époque, est tout à fait dans son élément; il rend un service énorme à la révolution et partant produit une œuvre extraordinairement remarquable. On ne s'enivre jamais en vain de la rosée bienfaisante de cette grande aurore de l'ère moderne.

Quelques autres livres sont venus de même prendre place à la devanture des libraires ; nous les retrouverons un autre jour. La maison Hachette continue sa *Bibliothèque des merveilles*, en y introduisant des bois qui ont déjà servi dans des publications précédentes. Figurez-vous une femme en toilette splendide, qui aurait en hiver un chapeau de paille fané et retapé ; — un homme en habit noir et en gants blancs dont la chaussure crottée rappellerait celle du président Dupin. Avoir recours à des marchandises d'occasion, quand on publie des merveilles ! pauvre maison Hachette. H. DU C.

PHILIBERT DE L'ORME

A cette admirable époque de la Renaissance, une même séve gonflait chacun des rameaux de l'art, cet arbre immense. De toutes parts les écoles anciennes et les nouvelles, celles qui se cramponnaient obstinément aux traditions nationales et celles qui venaient de s'abreuver aux sources pures de l'antiquité grecque luttaient, non sans quelque acrimonie. En même temps que ceux de la Religion proclamaient les dogmes des temps nouveaux, la liberté de pensée qui est la source de toute liberté politique, les novateurs en Art proclamaient la liberté de création, et opposaient aux œuvres, puissantes certainement, mais confuses du gothique moyen âge, les lignes déliées et pures de l'architecture néo-grecque. Jean Goujon fut en sculpture le principal instigateur de cette révolution artistique. Un instigateur plus obscur mais non moins puissant, car il voyait l'ensemble dont l'autre soignait le détail, fut Philibert de l'Orme, le premier qui « reconnut la nécessité de la géométrie dans l'art d'architecture. »

Né à Lyon vers le commencement du seizième siècle, dès l'âge de quatorze ans il partit pour l'Italie, afin d'y poursuivre l'étude qui devait absorber toute sa vie. — Quelles étaient ses occupations à Rome? Il nous le raconte lui-même dans le curieux volume qui a pour titre : *Architecture de Philibert de l'Orme, conseiller et aumônier ordinaire du Roy et abbé de Saint-Serge-lez-Angers* (1648).

« Estant à Rome du temps de ma grande jeunesse, ie mesurois les edifices et antiquitez selon la toise et pied du roy, ainsi qu'on fait en France. Aduint vn jour que, mesurant l'arc triompant de Saincte-Marie Noue, comme plusieurs cardinaux et seigneurs se promenans, visitoient les vestiges des antiquitez, passoient par le lieu où j'estois, le cardinal de Saincte-Croix, lors simple evesque seulement, mais depuis cardinal et pape sous le nom de Marcel, homme très-docte en diverses sciences, et mesmes en l'architecture, en la quelle pour lors il prenoit grand plaisir, voire jusques à en ordonner et faire desseins et modelles, ainsi que puis après il me les montra en son palais, dict en son langage romain qu'il me vouloit cognoistre pour autant qu'il m'avoit veu et trouvé plusieurs fois mesurant diuers édifices antiques, ainsi que ie faisois ordinairement avec grand labeur, frais et dépens, selon ma petite portée, tant pour les eschelles et cordages que pour faire fouiller les fondements, afin de les cognoistre. Ce que je ne pouvois faire sans quelque nombre d'hommes qui me suyvoient, les uns pour gagner deux iules ou carlins le jour; les autres pour apprendre, comme estoient ouvriers, menuisiers, scarpelin, ou sculteurs, et semblables, qui désiroient cognoistre comme ie faisois et participer du fruict de ce que je mesurois. Laquelle chose donnoit plaisir au dict seigneur cardinal, voire si grand, qu'il me pria, estant avec un gentilhomme romain, qu'on nommoit Misser Vincensio Rotholano, logeant pour lors au palais de Sainct-Marc, que je les voulusse aller voir, ce que je leur accoray très-volontiers. Le dict seigneur Rotholano, homme fort docte aux lettres et en l'architecture, prenoit grandissime plaisir à ce que je faisois, et, pour ceste cause, me montroit, comme aussi le dict seigneur cardinal, grand signe d'amitié. Bref, après avoir discouru avec eux de plusieurs choses d'architecture, et entendu d'où j'estois, ils me prierent de rechef de les visiter souvent au dict palais, ce que je fis. »

Dès son retour de Rome, Philibert de l'Orme, comme tous les grands esprits qui, derrière l'observation, cherchent la théorie, et derrière le fait matériel, l'harmonie générale, comprit que les mesures qu'il avait si patiemment toisées sur les monuments antiques devaient être reliées entre elles par une loi de proportions inviolables; de là, certainement, la préoccupation mathématique qui, depuis, lui a fait trouver avec un rare bonheur tous les tracés géométriques des voûtes et sa théorie non moins importante des charpentes en petits bois. « La mathématique, » comme il dit, est, à son sens, tellement importante, qu'il en fait comme l'enseigne de son traité. Lisez l'explication du dessin emblématique qui ouvre le livre.

« En premier lieu doncques, ie figure vn architecte, habillé ainsi qu'vn homme docte et sage (tel qu'il doit estre) et comme sortant d'vne caverne ou lieu obscur, c'est-à-dire de contemplation, solitude, et lieu d'estude, afin de pouvoir parvenir à la vraye cognoissance et perfection de son art, il trousse sa robe d'une main, voulant montrer que l'architecte doit estre diligent en toutes ses affaires, et, de l'autre main, il manie et conduit vn compas entortillé d'vn serpent pour signifier qu'il doit mesurer et comparer toutes ses affaires et toutes ses œuvres et ouvrages avecques vne prudence et meure délibération . . . .

Pour ce est-il que je figure ledit architecte tenant touiours le compas en sa main, afin de l'enseigner qu'il doit conduire toutes ses œuvres (comme nous avons dict) par mesure, et ay aussi accompagné le dict compas d'vn serpent, afin qu'il se souvienne d'estre bien advisé prudent et caut à l'exemple dudit serpent; car, ainsi qu'escrit sainct Ambroise, sentant approcher de soy l'enchanteur, il met une de ses oreilles contre terre et estouppe l'autre de sa queue; ainsi faisant, l'architecte parviendra à la palme, la quelle ie luy propose et mets devant les yeux, comme le but auquel il doit viser et le chemin auquel il doit tendre. »

De ce compas emblématique, notre architecte s'en servit tellement bien qu'il crut avoir trouvé la loi harmonique universelle qu'il cherchait, ainsi que l'indique le curieux extrait suivant, dans lequel il annonce la publication postérieure de sa découverte :

« Au second tome et œuvres de divines proportions (lequel j'espère faire imprimer si Dieu m'en donne la grâce), vous verrez non-seulement le moyen et nouvel invention de faire des corniches; mais aussi par les mesures de tout, le corps humain trouvera toutes les proportions de toutes sortes de plans et montées des bâtiments que vous désirerez, conformément avec les mesures et proportions qui se trouvent dans la sainte Bible.

De cette loi, comme tous les artistes de ce temps qui pensaient (avec raison à notre sens) qu'aucune partie de l'art n'est indifférente aux autres, il tire des conséquences, qui peuvent paraître folles à première vue, mais qui n'en jettent pas moins une singulière lumière sur l'invention des colonnes, considérées comme des transformations des figures dites cariatides; d'après Philibert de l'Orme, et rien ne peut faire taxer cette opinion de folie, les colonnes de l'ordre dorique ne seraient autre chose que la corruption successive des cariatides hommes, les colonnes ioniques la corruption successive des cariatides femelles.

« J'ai choisi l'ordre ionique entre tous autres pour orner et illustrer le palais, lequel la majesté de la royne mère du très-chrestien roy Charles IX de ce nom, fait aujourd'huy bastir en ceste ville de Paris, sous ses ordonnances et desseings; car j'y procède tout ainsi qu'il plaist à sadite Majesté de me commander, sauf les ornements, symmétries et mesures, pour lesquelles elle me fait cete grâce et faveur de s'en fier à moy. J'ai voulu accommoder le présent ordre à son dit palais pour autant qu'il n'est guères usité, et qu'encores peu de personnes l'ont mis en œuvre aux bastiments avec colonnes. — Plusieurs en ont bien patrouillé quelque chose en bois pour des portes, mais il ne l'ont encores bien cogneu ny représenté. L'autre rayson pourquoy j'ai voulu figurer et naturellement représenter ledit ordre ionique au palais de Sa Majesté la royne, c'est pour autant qu'il est féminin et a esté inventé après les proportions et ornements des dames et déesses ainsi que le Dorique des hommes comme m'ont appris les anciens : car quand ils voulaient faire un temple à quelque dieu ils y employaient l'ordre dorique, et à une déesse, l'ionique. »

J. Du Boys.

(*La suite prochainement.*)

LE PAVILLON IMPÉRIAL

A L'EXPOSITION UNIVERSELLE.

Nous avons cru être agréable à nos lecteurs en leur donnant la vue du pavillon impérial, tel qu'il sera exécuté d'après les plans et projets de MM. Duval frères, tapissiers, fournisseurs brevetés de Sa Majesté Impériale.

Le rédacteur en chef de l'*Exposition universelle* de 1867, M. Fr. Ducuing, a bien voulu nous autoriser à reproduire la gravure qu'il a publiée en tête de son premier numéro.

Voici les détails que nous avons recueillis sur ce pavillon :

Il est placé à gauche de l'avenue centrale qui, venant du pont d'Iéna, conduit à la porte d'honneur du palais de l'Exposition. Sa forme (ellipse renflée aux extrémités des deux axes), ainsi que son style composite du mauresque et du grec, le rendent à la fois sérieux et gracieux d'aspect. Il sera d'une grande légèreté, et pour ainsi dire découpé à jour.

Pour tempérer l'excès de lumière qui résulterait de ses nombreuses ouvertures, une marquise fort riche, soutenue par des lances et des trophées, s'étendra tout autour du pavillon, recouvrant une terrasse bordée d'une balustrade en marbre. Les quatre perrons qui donneront accès au pavillon, seront également en marbre; des statues de gardes et de licteurs orneront la naissance des rampes.

Nous ne pénétrerons pas aujourd'hui à l'intérieur pour l'agencement et l'ornementation duquel on nous promet des merveilles.

Nous réservons ces détails pour plus tard, voulant les donner fort exacts et craignant qu'à l'exécution il ne soit apporté quelques changements aux projets. Cependant nous pouvons parler dès aujourd'hui d'une innovation due à MM. Duval, qui en ont la concession. Nous faisons allusion à ces petites voitures, jusqu'ici construites à l'usage spécial des malades et des convalescents.

Un grand nombre de ces véhicules, aussi confortables qu'élégants, semblables en tout à ceux qu'on aperçoit au pied de la tente impériale, vont être mis à la disposition du public. La circulation leur sera permise dans le palais, dans le parc, dans le jardin d'horticulture.

Combien il sera commode, pour les dames surtout, de circuler à travers les jardins et les galeries, et de tout voir sans fatigue.

EXPOSITION UNIVERSELLE

Pavillon impérial au Champ de Mars, d'après les plans et projets de MM. Duval frères, tapissiers fournisseurs brevetés de S. M. l'Empereur.

Comment, en effet, parcourir autrement les 74 kilomètres d'allées ouvertes dans le Champ de Mars. Et le soir, au lieu d'aller au concert, à la cascade, chez le glacier, chercher un siége peut-être introuvable, on arrivera tout assis et surtout bien assis à l'endroit désiré.

Nous prédisons un grand succès à cette heureuse innovation.

J. du Boys.

R. PFNOR, *Propriétaire-Directeur*.

Paris. — Typ. de Rouge frères, Dunon et Fresné, rue du Four-St-Germain, 43

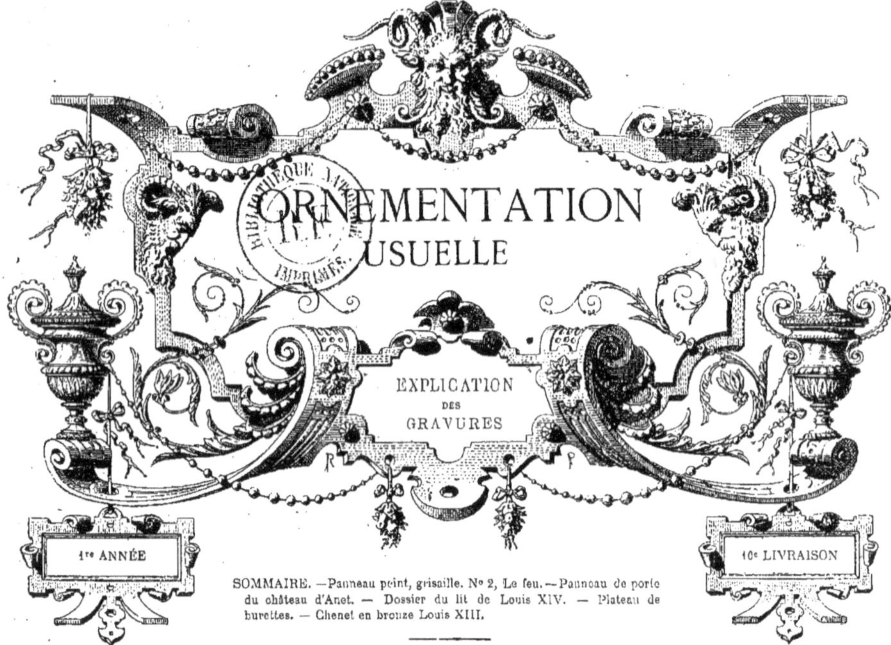

SOMMAIRE. — Panneau peint, grisaille. N° 2, Le feu. — Panneau de porte du château d'Anet. — Dossier du lit de Louis XIV. — Plateau de burettes. — Chenet en bronze Louis XIII.

PANNEAU PEINT. GRISAILLE. — N° 2, LE FEU.

(Nos d'ordre 60 et 61)

Les anciens ont tour à tour représenté le feu, tantôt par Vulcain le fabricant de foudres, le Dieu boiteux, l'époux infortuné de Vénus; tantôt par Cybèle ou Vesta, femme du Ciel ou femme de Saturne, patronne des Vestales gardiennes du feu sacré.

Les modernes, et surtout ceux du XVIIe siècle, ont toujours pris Mars, comme idéal du feu. Le Dieu de la guerre, surtout depuis les inventions meurtrières du moine Bacon, avait droit à cet honneur. Leriche, dans ses *Éléments*, a suivi cette tradition.

Le bouclier orné de foudres, le casque, la lance, le glaive, tels sont les attributs qui figurent au milieu de sa composition. Le chêne et le laurier, ornements habituels aux guerriers, aux conquérants, aux « tueurs en gros, » s'enroulent au milieu du tout. Des chimères, souvenirs de Vénus, peut-être l'amante préférée du Dieu, la déesse de la flamme dans la plus pure acception du mot, terminent en bas le panneau peint; un trépied le surmonte. De ce mélange de convention résulte un ensemble délicieux auquel on pourrait peut-être reprocher de manquer de logique, les coupes chargées de fleurs avec lesquelles se jouent si lestement les Amours, sont un peu lourdes pour des êtres aussi chétifs. Mais la logique n'avait rien à voir dans l'art à cette époque. Nous terminerons prochainement la série de ces panneaux par la publication de *l'Air*, qui ne le cède par la finesse à aucun de ceux dont nous avons déjà donné le dessin.

PANNEAU DE PORTE DU CHATEAU D'ANET.

(No d'ordre 90)

Anet, a dit M. Michelet, « c'est un rêve » « miracle de jeunesse éternelle » inventé par une veuve pour illusionner un homme blasé. Les maîtres auxquels Diane confia son œuvre et sa pensée étaient des génies, qui la comprirent si bien, qu'ils sont parvenus, sur le compte de la belle duchesse de Valentinois, à tromper « le roi, l'histoire et l'avenir. » Diane comme disait Marot :

> Cette dame excellente
> Dont le nom gracieux
> N'est ja besoin d'écrire
> Il est écrit aux cieux
> Et de nuit se peut lire.

Diane est partout à Anet. Jean Goujon, Philibert Delorme, Jean Cousin avaient écrit son nom sur tous les murs, dans toutes les portes, sur toutes les verrières; Anet, c'est elle divinisée... Son croissant qui remplit si bien le monde,

Donec totum impleat orbem,

se retrouve à chaque pas; notre panneau le montre au milieu de ses boucliers d'amazone. Ses chiffres entrelacés, ses triangles, ses flèches, ses devises courent au milieu de tous les rinceaux, se profilent dans toutes les moulures, ressortent de toutes les pierres. On dirait que l'art sublime des grands hommes qu'elle osa prendre pour ses interprètes a fixé là pour toujours son souvenir immortel; de ces grands bois silencieux, de ces bosquets discrets, on espère, à toute heure, voir s'échapper encore cette belle femme couchée, qui caresse son grand cerf aux cornes d'or.

Quels artistes que ces ouvriers du XVIe siècle!

Prenez à part chaque ornement, analysez-le, puis réunissez l'ensemble, vous trouverez toujours, sans surcharge, sans recherche, une harmonie parfaite, un goût merveilleux, un effet plein de richesse, de fantaisie et d'imprévu; le grand caractère de toute véritable ornementation.

DOSSIER DU LIT DE LOUIS XIV, VERSAILLES.

(N° d'ordre 25)

Nous n'avons pas à faire ici l'historique de ce lit. Ce serait œuvre trop longue pour nos forces. La couche du roi de France tient une ample place dans les mémoires du XVIIe siècle; que ceux qui désirent la connaître à fond ouvrent M. de Saint-Simon, ils trouveront de quoi satisfaire leur curiosité.

Nous ne nous appesantirons pas davantage sur les détails du petit et du grand lever, sur le baiser de la nourrice, sur la présentation de l'eau bénite par le grand chambellan, sur l'office du Saint-Esprit, sur la perruque courte que Louis ne quittait en aucun temps, sur le capitaine des gardes au balustre, etc., sur les grandes entrées, les carreaux et les tabourets. Ceci est affaire de ruelles et ne nous regarde point.

Frédéric de Prusse prétendait que, s'il avait été roi de France, il aurait nommé un autre roi pour faire toutes ces choses à sa place.

Nous ne parlerons que de l'œuvre et de l'ouvrier.

Ce fut Simon Delobel, tapissier, valet de chambre qui confectionna le lit et les tentures de la chambre du roi. Il mit douze ans à faire ce travail. La tenture du fond était consacrée au triomphe de Vénus; des épisodes de l'histoire de l'Amour se distinguent dans les médaillons que représentent notre gravure. Sous madame de Maintenon, on changea la courtepointe pour la remplacer par un couvre-pieds brodé par les demoiselles de Saint-Cyr, représentant le sacrifice d'Abraham et le sacrifice d'Iphigénie! — Louis-Philippe, quand il fit restaurer Versailles, racheta en Allemagne et en Italie les morceaux de l'œuvre de Delobel et les remit en place.

Depuis Louis XIV qui est mort dans ce lit, aucun souverain n'a couché dans cette chambre.

Plus haut, nous admirions avec le croissant de Diane, la simplicité grandiose de l'ornementation; si nous avions le loisir d'étudier ici le soleil du grand roi, nous trouverions peut-être moins à louer dans ce genre; mais néanmoins, la recherche admise en principe, nous serions forcés de reconnaître, à travers tous ces enroulements superposés, une ampleur magistrale qui peut servir encore de leçon aux ornements de notre époque.

PLATEAU DE BURETTES.

(N° d'ordre 52)

La charmante bordure où se jouent, dans des fleurs, des chérubins aux ailes entr'ouvertes, nous a déterminés à mettre sous les yeux des lecteurs, ce plateau auquel un puriste seul pourrait reprocher peut-être trop d'élégance, à cause de sa destination solennelle; mais la grâce se faufile partout, et partout où nous la trouvons, nous aimons à ne pas la laisser en oubli.

Nous reviendrons à propos de la burette, que nous publierons dans notre prochaine livraison, sur l'emploi des pierres précieuses et de l'émail dans les vases sacrés. Les tons colorés des gemmes se lient toujours avec l'or dans des gammes d'un effet très-heureux. L'orfévrerie religieuse moderne qui avait délaissé, il y a quelque temps, ce mode d'ornementation, y revient avec ardeur, il n'y a qu'à l'en louer. Les quatre émaux qui décorent le plateau de notre estampe représentent, à droite et à gauche, les disciples d'Emmaüs et l'Ascension; en haut, le lavement des pieds; en bas, l'effigie du martyr auquel était dédié l'autel où servaient ces objets.

CHENET DE BRONZE LOUIS XIII

(N° d'ordre 71)

Aux fabricants de chenets à têtes plates, nous donnions récemment pour modèle un bronze florentin plein d'humour, nous leur offrons de nouveau un objet de leur pays pour leur enlever tout prétexte à la banalité.

Un rapprochement curieux, c'est que l'ouvrier français qui trouva, sous Louis XIII, ce chenet si plein d'allure, se rencontra, sans s'en douter, avec le Florentin du XVIe siècle, qui avait conçu celui dont nous parlions il y a quelque temps.

A la base une tête grimaçante ouvrant les yeux, les cheveux hérissés, la barbe squammeuse; après, des femmes aux enroulements gracieux; au-dessus, des rinceaux qui semblent lécher comme des flammes le milieu d'un vase à jour. Dans le bronze italien, les rinceaux sont remplacés par des serpents, des chevaux terminent le corps des femmes; l'idée comme l'œuvre est peut-être plus puissante, mais le chenet français brille par le goût. On peut dire qu'après la Renaissance, nous avions hérité de ce goût que les Italiens tenaient de la Grèce. Il paraît que nous l'avons perdu. Prenons garde. Il se trouvera toujours quelque race qui en héritera à son tour, et dernièrement on disait que le goût était une des forces des nations.

H. du C.

Paris. — Typ. Rouge frères, Dunon et Fresné, rue du Four, 43

ORNEMENTATION USUELLE

DE TOUTES LES ÉPOQUES

S'adresser, 145, rue de Vaugirard, à Paris, pour tout ce qui regarde l'administration; pour tout ce qui regarde la rédaction, à M. HENRI DU CLEUZIOU, à la même adresse; et pour les abonnements, à MM. DEVIENNE ET Ce, éditeurs, 18, rue Bonaparte, Paris.

CHRONIQUE

DE

L'EXPOSITION UNIVERSELLE

Le dix-neuvième siècle aura-t-il une architecture ? Telle est la question que l'on serait tenté de se poser après avoir visité les nombreux édifices, en construction de nos jours dans la grande Cité parisienne.

Telle est surtout l'interrogation que l'on se fait en sortant du Palais du champ de Mars.

D'une étude attentive de Saint-Augustin, du nouveau tribunal de Commerce, des théâtres de la place du Châtelet, du pendant de Saint-Germain-l'Auxerrois et des autres bâtisses de ce genre, il résulte une réponse presque négative à cette proposition. Un examen plus approfondi de la Trinité, de la façade des Beaux-Arts et de certaines mairies, nous permet de revenir sur ce jugement peut-être un peu sévère. La vue des gares du Nord et de Strasbourg et surtout l'analyse du marché du Temple et des Halles-Centrales, finit par vous convaincre que notre époque a tous les germes d'un style original et particulier, et qu'il ne lui manque que des hommes nourris d'études plus sérieuses pour le mettre en lumière.

En littérature, le journalisme a tout envahi, l'article écrit au courant de la plume, le petit mot de la fin, la causerie, l'écho, la nouvelle à la main, règnent sur toute la ligne.

Dans l'art de bâtir, on dirait que le même vent de légèreté, de laisser-aller, d'improvisation facile a soufflé partout.

« Caverne abscouse » de la contemplation solitaire, « lieu d'estude » choyé des maîtres de la Renaissance, « qui menais si bien à la vraie cognoissance, à la mesure, à la perfection, » qu'es-tu devenu ?

On peut, en une heure, jeter au lecteur avide une chronique qu'il oubliera dans cinq minutes ; on ne doit pas faire en un jour le plan d'un édifice qui durera de longues années.

Savez-vous au Palais de l'Industrie, ce qui formera l'harmonie de l'ensemble ? — l'œuvre du tapissier. Les drapeaux flottants, les mâts vénitiens, avec leurs grandes bannières, aux vives couleurs, les écussons (1), les velaria, les cordelières, les glands dorés, les torsades, etc., etc. Ce qui n'était que l'accessoire devient le principal.

(1) Pourquoi avoir écrit le nom des villes de France dans des *barres* d'argent sur champ d'azur ; passe encore pour la *bande*, mais *la barre* est un signe de bâtardise. Quand on fait du blason on devrait, au moins, ne pas en ignorer les règles.

Dans les grandes églises modernes, lorsque l'on dépasse les grilles et que l'on pénètre sous les portiques, on est étonné de la perfection du travail d'ornementation : à Saint-Augustin, les grandes portes sont d'un fini complétement irréprochable ; à la Trinité, les niches sont admirables de composition (1). Au tribunal de Commerce, il y a des motifs de décoration charmants sous tous les rapports.

Certaines statuettes, certains chapiteaux, certaines colonnettes, certaines clefs de voûte, certains frontons, pris à part dans toutes ces constructions modernes, défient la critique. Il n'y a qu'une chose qui manque : l'ensemble. Nous avons d'excellents ouvriers, mais de déplorables architectes.

Il y avait à faire au champ de Mars UN PALAIS ! entendez-vous ? UN PALAIS.

Cur urceus exit?

Ce n'était pas la place qui manquait. — La matière ? Nous savons de reste ce que l'on peut obtenir avec la fonte, depuis les Halles-Centrales, dont nous parlions tout à l'heure. — Le plan circulaire commandé ? — Est-ce que le Colisée n'est pas immense d'aspect ? Est-ce que les absides des cathédrales n'imposent pas, vues à distance, par je ne sais quelle majesté sublime. Ces messieurs n'ont aucune excuse. Pas un portique, la monotonie des lignes, sans rien qui la rompe. Des contreforts écourtés, de grandes ouvertures béantes. Rien qui provoque l'ombre portée, qui fasse relief, dont la silhouette se détache sur le ciel, dont le profil se découpe sur la verdure des arbres.

Rien. — Je me trompe, les drapeaux, les oriflammes, les bannières accompagnement ordinaire des constructions foraines, qui décorent à la fin du Carême la place du Trône, aux premiers jours de l'automne la grande allée de Saint-Cloud. On a successivement peint comme essai certaines parties du Palais en vert, en jaune, en rose, en blanc orné de filets bleus, nous regrettons vivement que cette dernière tentative n'ait pas été adoptée. Elle aurait eu l'immense avantage de dissimuler entièrement l'œuvre de l'architecte et de donner à la vaste rotonde du champ de Mars son véritable caractère.

Passe encore pour l'extérieur ; les étrangers se sont chargés de détourner les yeux des promeneurs, et les merveilles disséminées dans le Parc empêcheront de l'examiner. Mais pourquoi, dans ce centre si bien ménagé pour recevoir tout ce que l'imagination pouvait rêver de gracieux, de fin, de délicat, même de grandiose et de majestueux, n'avoir non plus rien trouvé, rien combiné, rien produit.

La cour du milieu, c'était au Palais de l'Industrie, ce que le cloître dans les grandes abbayes du moyen âge, était au monastère. Le lieu de repos, de conversation, de rendez-vous, un cloître, avec l'énorme différence qui existe entre le moine au front soucieux et l'homme au regard ouvert.

Un nouvel élément de style, celui que l'on est convenu d'appeler *néo-grec*, s'est introduit depuis quelques années dans l'architecture, c'était ou jamais le lieu de l'employer. Se trouver entre les beaux-arts et les fleurs, entre la nature, dans son choix le plus exquis et les chefs-d'œuvre des artistes du monde entier, et rester muets, les impuissants !

(1) Il y a même plus que des niches à la Trinité. Il y a la recherche du symbole, chose inconnue de la plupart des constructeurs, et une tendance à l'unité qui fait complétement défaut, particulièrement à l'église du boulevard Malesherbes.

C'est qu'il ne s'agissait plus ici de coudre une frise renaissance à un fronton plus ou moins romano-byzantin, d'intercaler un bas-relief du temps de Louis XII dans une porte de l'époque de François Ier. Il fallait composer un tout et pour revenir au mordant Horace :

« Près du cirque Emilien, le statuaire finit un angle comme pas un, et sait donner à l'airain la mollesse des cheveux. »

Infelix operis summa, quia ponere totum
Nesciet.

Lorsque l'on veut chanter au-dessus de la portée de sa voix, on s'expose à chanter faux.

Les architectes du champ de Mars pouvaient entreprendre avec succès la décoration de la place de la Concorde, un jour de réjouissance publique, ils auraient dû laisser à d'autres le soin d'élever des palais.

Si les étrangers jugent de nos tendances architecturales, par l'échantillon qu'on va leur offrir, ils en emporteront une idée bien mesquine.

On dit qu'entre les édifices et les idées, il y a toujours immédiate corrélation. Est-ce que le Palais de l'Exposition universelle serait l'expression la plus fidèle de la pensée française ? Non, ne concluons jamais du particulier au général.

HENRI DU CLEUZIOU.

LES ARTS PARISIENS.

LE MEUBLE

(Suite)

A quoi a tenu principalement notre infériorité mobilière contemporaine comme agrément et comme esprit ? A ce que depuis longtemps, presque tous, nous nous *faisons meubler* au lieu de nous meubler nous-mêmes, croyant aux lumières générales de l'ébéniste et à la poésie universelle du tapissier, de même que certains disent encore à la cuisinière, faites-moi dîner, et au sommelier du restaurant, faites-moi boire. Cela ne manque pas toujours de bon sens, mais cela manque certainement de puissance. Le temps actuel a peur de l'initiative, il est aux gérances et aux commissariats. Il se meut et vit par procuration. Ajoutons aussi que l'*homme* s'est trop mêlé de l'affaire. Or, sauf des exceptions spéciales, l'homme n'a pas de goût, c'est formel. La richesse et la beauté mobilières d'autrefois venaient surtout des femmes, affectueuses et religieuses gardiennes de la maison quand monseigneur ou messire courait les aventures d'ambition ou de guerre, et toujours cherchant, en leur esprit comme en leur amour, les moyens d'augmenter l'attrait et le bien-être du logis, afin qu'au retour le maître fût heureux d'une surprise ou d'un embellissement. Qui mieux que la femme, laissée à ses instincts, saura jamais parer le nid du père et de l'enfant ? C'est en elle, cela résulte de sa destinée, c'est un don, une faculté, un privilége. Elle n'y épargnera guère l'argent peut-être ; on le disait jadis comme à présent :

Pencez vous qu'elles preignent garde
Comant l'argent se dépent ? Non.

Mais alors comme aujourd'hui, elles avaient leur réponse admirable : « C'est de l'argent qui reste à la maison ! »

Je connais à Paris un tapissier qui sait meubler ; je n'en connais pas deux. Ce tapissier a une femme qui l'inspire.

Le seizième siècle fit enfin naître le meuble français proprement dit, et c'est à ses chefs-d'œuvre que revient, par imitation, déduction et conclusion, tout l'honneur, à peu près, du bel ameublement moderne. Nous n'avions véritablement rien encore qui fût nôtre et bien raisonnable ; nous vivions d'emprunts gigantesques. Or, on ne pouvait pas toujours rester dans le lit basilique et la cheminée cathédrale ; les hommes commençaient à se trouver moins dieux. Jean Goujon et sa pléiade ouvrirent sur cette renaissance leurs fortes mains pleines de merveilles, et ce qu'ils ont fait en ameublement personne ne l'a surpassé. Il reste quelques meubles du château d'Anet, dessinés par Jean Goujon pour Diane de Poitiers; c'est à se mettre à genoux.

On suivit ce grand art, d'un peu loin pourtant, jusqu'à la Ligue. Sous les guerres fratricides qu'elle alluma, il y eut un temps d'arrêt. On se bardait et se barricadait plus qu'on ne se meublait ; on achetait non des statues ni des bahuts, mais des barres, des verrous et des armes. L'Italie restée paisible continua doucement d'avancer : voilà pourquoi tant de palais y sont remplis de meubles bâtis et sculptés dans le genre créé par Goujon. C'est, je pense, la première fois que l'art français, tout jeune qu'il était, aura prêté quelque chose à l'Italie, cette grand'mère. L'Angleterre, qui, à force de chercher, finira par avoir le sien, en était encore au gothique remplacé par nous d'une façon si brillante. Nous ne la voyons guère en sortir qu'au dix-septième siècle, par des Hollandais engagés à prix d'or, lesquels lui firent ces belles salles de châteaux plafonnées en bois, dont la maison Goupil a publié un excellent album. Aujourd'hui même, M. Crace, un très-grand ébéniste de Londres, a toutes ses préférences pour le gothique et s'en trouve bien.

Le meuble français, vaillamment repris à l'abjuration de Henri IV, atteignit toute sa splendeur sous Louis XIII. Les lignes torses, ces amoureux serpentements de la lumière et de l'ombre étaient trouvés; et c'est, à coup sûr, le cas d'admirer que l'industrie aujourd'hui régnante ait eu la bonne foi de réinventer et de faire breveter, sous Louis-Philippe, deux procédés que connaissaient déjà les bahutiers de 1620, à savoir le tour tors et la machine à guillocher. On faisait, il est vrai, et je crois même que l'on fait encore du pied tors à la main ; mais il était laid en ce temps comme au nôtre. C'est l'unique raison pourquoi les faux amateurs le recherchent, n'aimant des vieilleries que leurs imperfections.

Comme une belle chambre était alors une belle chose ! Aux murs de bonne hauteur et d'épaisseur discrète s'appliquaient les cuirs dorés et repoussés, les boiseries élevées, les tableaux, les miroirs de Venise, les faïences, les émaux, les portraits. Voulait-on faire un salon de cette pièce, ou deux en une, on déployait les tentures de haute lisse glissant sur des tringles cachées au sommet de la grande gorge de la corniche, à l'angle de la première moulure du plafond en caissons, et l'on avait d'immenses murailles de laine sans portes, coiffées d'un ciel à reliefs vigoureux se détachant sur des fonds rouges ou bleus à filets d'or. Les fenêtres s'ouvrant sur des jardins continuaient dans la nature les merveilles peintes de la tapisserie. Trois lustres, ou cinq, descendaient du plafond par des chaînes de cuivre entourées de cordelières, beautés de l'art hollandais, dont Gérard Dow a mis un type si charmant dans son tableau de la *Femme hydropique*. Ces dinanderies de grand style, aux boules précieuses comme de l'or, avec leurs agréments maniés en plein cuivre, leurs nœuds et leurs houppes aux couleurs de la pièce, étaient adorables à voir éteintes, magiques à voir allumées. Les siéges à pieds tors avaient le dossier comme le coussin en travail plein à l'aiguille, sans sommet sculpté, afin de ne pas lutter d'effet ni de lignes avec les tapisseries. De gros clous de cuivre dans le ton des lustres les garnissaient ; des tables couvertes de richesses grandes et petites ornaient les trumeaux, qui sont les espaces entre deux fenêtres, au-dessous des miroirs aux joints garnis de même par de beaux cuivres emboutés.

Les splendides ensembles que cela devait faire surtout, si on se les figure peuplés des costumes du temps, les plus élégants et les plus nobles que la France ait jamais connus !

AUGUSTE LUCHET.

(*La suite prochainement.*)

ESSAI
SUR
L'HISTOIRE DE LA POTERIE FRANÇAISE

I

Coup d'œil général. — La fleur de lotus, la coupe.

(SUITE)

L'homme des déluges n'avait-il fait que retrouver dans son souvenir une tradition de ses pères remontant à une autre révolution primitive, ou le culte du Lotus naquit-il simultanément, pour des causes identiques, sur les points différents du globe, c'est ce que nous n'avons pas le loisir d'examiner ici.

Des savants le prétendent (1). Nous préférons voir, avec Michelet, dans ce symbole un immense concert d'âmes, une grande harmonie retrouvée à travers l'espace et le temps.

Fig. 10. (Hauteur 27 cent.). Fig. 11. (Hauteur 26 cent.).

Fig. 10. — Vase Gaulois celtique. — Trouvé entre Ploudaniel et Plounevonter. A. Brongniart. — *Traité des arts céramiques.*
Fig. 11. — Vase romain. — Musée du Louvre.

La coupe, ce lotus épanoui, fut l'un des premiers objets façonnés par la main de l'homme.

Pourquoi s'étonner après cela de la voir paraître sur les bas-reliefs du palais de Khorsabad, aux ruines de Ninive, au milieu des sculptures du temple de Denderah, dans les dolmens des Gaules et parmi les poteries américaines du Musée du Louvre.

(1) M. Jacquemart entre autres : « Les mêmes besoins, les mêmes idées ont engendré des manifestations analogues. » (*Merveilles de la Céramique*, p. 336.)

Fouillez les tombelles péruviennes, ouvrez la terre aux champs de Carnac de Bretagne, pénétrez dans les Pyramides, creusez le sol de l'Assyrie, cherchez à Bénarès dans l'Inde, à Nankin dans le Céleste-Empire, à Yedo et partout, le culte du Lotus nourricier

Fig. 12. (Hauteur 25 cent.) Fig. 13. (Hauteur 20 cent.)

Fig. 12. — Vase apode, orné de lotus. — Musée Egyptien.
Fig. 13. — Vase américain. — Musée Ethnographique.

sera permanent chez beaucoup, le souvenir de la coupe sera religieusement conservé chez presque tous. Pérédur est né dans Amritzar, dans l'Asie tout entière le bleu Vichnou, le front ceint de sa mitre, flotte encore mollement étendu sur la peau d'Ananta, le serpent aux écailles d'or, naviguant au gré de ses désirs au milieu de la mer qui entoure le monde, pendant que de son sein tranquille naît la fleur éternelle, qui ressuscite, régénère et réforme. Les chevaliers de la Table-Ronde quittaient tout, jusqu'à leur blonde Iseult, pour s'en aller quérir le Graal, et le calice est encore chez nous le vase sacré par excellence, la promesse de vie, le gage de la résurrection.

Si le Lotus s'ouvre rayonnant, au lever matinal de Ra, le divin père des hommes, le soleil qui illumine le monde par son amour, il se ferme le soir quand vient la nuit.

Voyez-vous apparaître la seconde forme de vase encore commune à tous, l'URNE.

Que l'effet du hasard ait laissé flotter à la surface de l'onde une liane, qui d'elle-même soit venue se tordre au sommet rose des pétales sacrés de la plante (*fig.* 6), ou que la main délicate d'un

Fig. 14. (Hauteur 20 cent.) Fig. 15. (Hauteur 20 cent.)

Fig. 14. — Vase apode Gaulois. — Musée céramique de Sèvres. Support annuliforme. (Habitations lacustres). — Musée céramique de Sèvres.
Fig. 15. — Vase antique Scandinave (apode). — Musée céramique de Sèvres.

enfant ou d'une femme ait noué la corolle en laissant retomber les extrémités du roseau flexible, c'est ce qu'il serait difficile de déterminer. Mais l'URNE, dans sa forme première, est le lotus fermé (*fig.* 10, *fig.* 11). L'URNE renfermera les cendres, comme le lotus garda ses graines, et vous la retrouverez dans les grottes de Gavrinis et de Tumiac, à Karnac d'Égypte, à Luqsor, dans la Scandinavie comme au Mexique, parce qu'elle est la sœur de la coupe, la seconde forme de l'art de terre (*fig.* 12, *fig.* 13).

Et que l'on n'aille pas me dire : les potiers n'ont jamais rêvé de telles imaginations ; je répondrai par des exemples (*fig.* 14, *fig.* 15).

Fig. 16. (Hauteur 15 cent.) Fig. 17. (Hauteur 25 cent.)

Fig. 16. — Vase Egyptien émaillé. — Musée du Louvre.
Fig. 17. — Vase Gaulois biturbiné. A. Brongniart, arts céramiques.

Souvenez-vous qu'amants de la nature, dans le genre de Lafontaine et de Jean-Jacques, dans le genre aussi de Bernard Palissy, l'homme qui pétrissait la terre de ses mains était pour les peuples primitifs quelque chose de grand. Rappelez-vous la tradition biblique du premier modeleur d'argile : il jeta comme un reflet sublime, sur tous ceux qui vinrent après lui.

Après ses grands voyages, l'homme changea son art et le modifia pour le rapprocher de la nature qui l'environnait. Au Yucatan, il fit les zigzags des terrasses de la Casa del Gubernador ; à Memphis, les temples aux chapiteaux ornés de feuilles de palmier, à Corinthe, l'acthane ; le Kaïlaça, dans l'Inde ; mais partout il garda le respect de son premier âge ; il se souvint de sa famille première (*fig.* 16, *fig.* 17), comme les Indiens des prairies emportent avec eux les ossements de leurs ancêtres ; il emporta

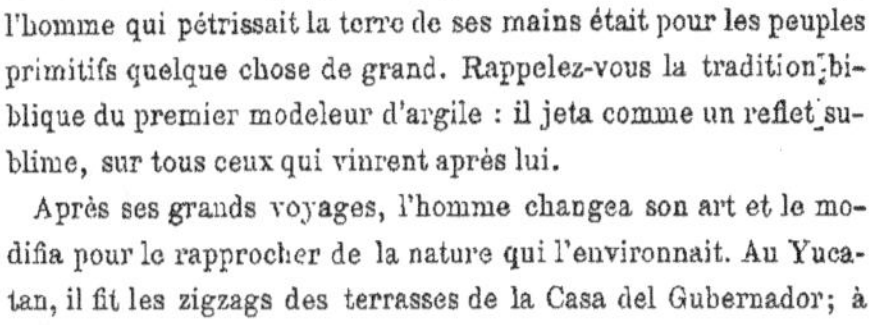

Fig. 18. (Hauteur 12 cent.). Fig. 19. (Hauteur 13 cent.).

Fig. 18. — Vase trouvé dans un tombeau Germain. Musée céramique de Sèvres.
Fig. 19. — Vase Gaulois très-caractérisé. A. Brongniart. — Traité des arts céramiques.

la COUPE et l'URNE, et voilà pourquoi on les retrouve toutes les deux au nord du monde (*fig.* 18, *fig.* 19), comme au midi, en Asie comme au Sahara, au Pérou comme en Irlande (*fig.* 5, *fig.* 10, *fig.* 11), et voilà pourquoi l'on peut voir, avec le numismate Leveel, « dans l'histoire de la céramique, l'histoire entière de l'humanité. »

(*La suite prochainement.*)

HENRI DU CLEUZIOU.

EXPOSITION UNIVERSELLE
DE
1867

FAIENCE D'ART DE A. JEAN.

AU TIERS DE L'EXÉCUTION

PIÈCE DU MILIEU D'UN SURTOUT DE TABLE

CÉRAMIQUE CONTEMPORAINE (Voir page 30)

EXPOSITION UNIVERSELLE DE 1867

VISITE AUX ATELIERS

CÉRAMIQUE CONTEMPORAINE. — FAÏENCE D'ART.

—

La mode et les flots sont changeants. Il y a quelques années, on méprisait souverainement tout ce qui était simple faïence, comme on disait alors. Dans les coins des cours de ferme du Nivernais ou de la Normandie se cachaient les admirables choses qui se dressent aujourd'hui, sur les meubles les plus riches, dans les salons les plus somptueux. La faïence est en vogue pour le moment, espérons qu'elle y restera longtemps.

Mais son immédiate utilité ne paraît pas seulement dans l'objet gracieux que l'on destine à la toilette d'une jolie femme, à la table d'un grand seigneur, elle se montre encore dans la décoration intérieure des appartements, et même dans l'ornementation monumentale.

M. Jean poursuit cette idée de la grande faïence avec une persévérance digne de tous nos éloges. S'il réussit à merveille les services de table ; la pièce de surtout, que nous donnons, en est une preuve ; peut-on voir rien de plus exquis que cette sirène au milieu de ses roseaux ; s'il atteint, disons-nous, ce premier but de l'art de terre, la joie dans le festin, il vise au delà. Nous avons vu dans ses ateliers les pièces qu'il destine à l'Exposition; elles sont vraiment superbes.

Les Italiens incrustaient dans les murs de leurs édifices des majoliques. — François Ier voulut revêtir de vastes compositions émaillées les murs du château de Madrid. On a tenté, de nos jours, de renouveler ce goût de la couleur. Les frères Balze n'en désespèrent pas, M. Jean est convaincu de la réussite complète. Les médaillons de Rembrant et de Diane, entourés de bordures dans le genre de Lucca della Robbia, aideront, nous n'osons en douter, cette révolution dans l'architecture. Ce qui manquait aux théâtres du Châtelet, dans le malencontreux essai qu'on y fit, c'était le relief. — Il a su le donner.

Outre le pavillon de l'Impératrice au champ de Mars, dont M. Jean fait l'ornementation extérieure, ses grandes pièces : une torchère splendide de composition et très-harmonieuse de tons, une fontaine, des bustes renaissance, des vasques, etc., ont toutes ce grand caractère qui fait l'originalité des œuvres sorties de ses ateliers de la rue d'Assas.

Monsieur Jean est *lui*. On peut toujours prédire le succès aux chercheurs, il y en a tant dans le monde qui ne font que suivre les autres.

Ce n'est pas à dire pour cela que l'idéal soit complétement atteint, non. Dans ses figures religieuses, nous voudrions un peu plus d'archaïsme ; dans ses médaillons peints, plus de finesse dans les têtes ; mais les premiers pas sont faits et c'est beaucoup.

Son émail est en général d'une pureté incroyable. Il a des bleus intenses qui rappellent les Italiens, dans ce qu'ils avaient de plus coloré, et lorsqu'il veut imiter les Rouen, ses rouges jouent la faïence normande à s'y méprendre.

Heureusement qu'il ne se contente pas d'imiter, on peut à ses heures copier un Moustier, un Strasbourg, un Lille, un Rennes même, mais le besoin de notre époque est de créer, et c'est ce qui donne à M. Jean un mérite incontestable dans sa spécialité. La foule admirera sans doute son violon tout empreint du caractère antique. Nous nous contenterons de le remercier d'avoir fait faire en France un progrès immense à l'art de terre, d'avoir su faire dire à la glaise sa pensée personnelle, d'avoir créé un genre, de s'être fait *lui*.

R. PFNOR.

DE L'AMEUBLEMENT

ET DE

LA DÉCORATION INTÉRIEURE DE NOS APPARTEMENTS

(*Suite*)

Pour la nuit, l'effet est complétement opposé; les premiers plans sont dans la demi-teinte et indécis ; un peu plus loin ils s'assombrissent, et au delà le sombre intense, les ténèbres ! Voilà deux exemples fournis par la nature : l'on y trouvera une précieuse indication de la marche à suivre pour la décoration de nos pièces. Ainsi, voulez-vous décorer votre salon dans les tons clairs, et augmenter à l'œil, par l'illusion, la véritable dimension de votre pièce? Suivez le premier exemple que je viens d'indiquer : d'abord, que votre tapis soit vif et soutenu de tons brillants vers le centre; que les tons s'affaiblissent et deviennent plus clairs en arrivant aux extrémités, c'est-à-dire jusqu'au pied de la boiserie murale; que vos siéges (je parle de ceux qui contournent la pièce) accusent des couleurs vives sur le tissu qui recouvre le siége ; baissez un peu de ton pour le tissu qui recouvre le dossier ; puis, arrivant à la boiserie murale, si elle est à panneaux rentrants, vous peindrez la partie qui est la plus proche de vous, de tons encore plus adoucis que ceux du dossier de vos siéges (et de couleurs différentes, si vous voulez), et enfin, les tables les plus fuyantes de la boiserie recevront les teintes les plus vaporeuses de la palette. Vous produirez ainsi un effet d'optique qui grandira votre pièce, et obtiendrez une harmonie générale qui satisfera le regard. Quand, dans le cas contraire, le besoin d'ensemble ou les convenances décoratives d'une pièce vous entraîneront vers les tons sourds ou sombres, vous prendrez, si je puis m'exprimer ainsi, la perspective de nuit, c'est-à-dire vous ferez le contraire de ce que je viens d'indiquer pour la perspective de jour. Le tapis sera clair au centre, et plus vous vous éloignerez de ce centre, plus les tons deviendront sourds. La couleur des siéges sera calculée suivant le nombre des plans que vous aurez pu disposer dans la construction de votre boiserie. Le tissu qui recouvrira vos siéges sera un peu plus teinté que le centre de votre tapis, et l'étoffe de leur dossier montera d'un ou deux tons au-dessus ; enfin, les nuances s'assombriront de plus en plus sur les parois de la pièce à mesure qu'elles fuiront vers le dernier plan.

Mais peut-être s'étonnera-t-on de m'entendre parler de plusieurs plans dans une boiserie murale, et peut-être aussi fera-t-on la remarque qu'un fauteuil exécuté comme je l'indique pourrait sembler être fait d'étoffes dépareillées? Je l'accorde, si les tons ne sont pas juste à la hauteur convenable, et si la transition n'est pas calculée à l'avance ; je le nie, si le problème est étudié avec soin et si sa solution est mathématiquement trouvée, grâce à la juste rencontre de la perspective de couleur, qui produira à coup sûr l'illusion nécessaire à l'agrandissement de votre pièce. Pour répondre à l'objection possible de la difficulté d'obtenir plusieurs plans dans la partie murale, je dirai qu'il est très-ordinaire d'en trouver deux ou trois dans la boiserie, et qu'en perdant peut-être deux ou trois centimètres, on arriverait très-facilement à quatre ou cinq plans successifs, ce qui, la palette aidant, pourrait produire une illusion inattendue.

E. GUICHARD.

(*La suite prochainement.*)

BULLETIN

La tendance générale du journal que nous publions est, on le sait d'avance, la vulgarisation du dessin dans les arts industriels, par conséquent dans les écoles, non-seulement supérieures, mais encore dans les écoles primaires. Nous sommes heureux de pouvoir constater la consécration de cette tendance dans le discours du Ministre de l'instruction publique, au Corps législatif.

M. Duruy disait le 1er mars dernier :

« Si l'enseignement agricole doit être répandu dans les cam-« pagnes, celui du dessin doit l'être dans les centres industriels. « L'Angleterre fait aujourd'hui de très-grands efforts pour pro-« pager le goût et l'étude du dessin. L'administration anglaise « s'est même départie à cet égard de ses habitudes d'abstention. « Elle n'a pas reculé devant une première dépense de 23 mil-« lions et un budget de 2 millions par an.

« C'est pour nous égaler que l'Angleterre fait ces sacrifices. « Il importe donc que nous maintenions notre supériorité par le « développement de l'étude du dessin sur les bancs mêmes de « l'école primaire.

« Diderot a dit qu'une nation qui apprendrait le dessin comme « on apprend à écrire, l'emporterait bientôt sur toutes les autres « en ce qui concerne les choses de goût. Développons donc l'en-« seignement du dessin, même dans les écoles de filles. »

Nos modèles servaient déjà l'année dernière, comme nous avons pu le voir avec bonheur à l'exposition de l'école de dessin de la rue Dupuytren, aux essais des jeunes personnes parisiennes.

La parole de M. le Ministre est pour nous un puissant encouragement. Nous ne pouvons que nous efforcer par le choix de nos sujets de nous rendre encore plus dignes de sa bienveillance éclairée. C'est à quoi nous n'aurons garde de manquer.

* * *

EXPOSITION UNIVERSELLE. — On lit dans le *Moniteur* du 19 mars : La cérémonie d'inauguration de l'Exposition universelle aura lieu le 1er avril 1867. La cérémonie solennelle de la distribution des récompenses aura lieu le 1er juillet 1867. Les porteurs des billets d'abonnement, pris avant le 31 mars, auront le droit d'assister à ces deux cérémonies.

Le billet d'abonnement est de 100 fr. pour les hommes et de 60 fr. pour les dames. Il donne droit tous les jours du 1er avril au 31 octobre à l'entrée dans toutes les parties de l'Exposition, y compris le Jardin réservé et le Champ d'expériences agricoles de Billancourt.

Les billets d'abonnement seront distribués tous les jours, de 9 heures du matin à 6 heures du soir, au Palais de l'Industrie, porte n° IV.

* * *

Par arrêté en date du 4 mars 1867, ont été nommés membres du Jury international des récompenses, dans les quatre sections du Jury des œuvres d'art :

SECTION DE PEINTURE ET DE DESSIN.
(Classes 1 et 2 réunies du règlement général.)

MM. Bida, Cabanel, Français, Fromentin, Gérôme, Maison (le marquis), Meissonnier, Pils, Reiset (Frédéric), Rousseau (Théodore), Saint-Victor (Paul de), Welles de la Valette (le comte).

SECTION DE SCULPTURE.
(Classe 3 du règlement général.)

MM. Barye, Cavelier, Dumont, Théophile Gautier, Guillaume, Jouffroy, Michaux.

SECTION D'ARCHITECTURE.
(Classe 4 du règlement général.)

MM. Ballu, Duban, Duc, Guilhermy (le baron de), Lenoir (Albert).

SECTION DE GRAVURE ET DE LITHOGRAPHIE.
(Classe 5 du règlement général.)

MM. Delaborde (le vicomte H.), Henriquel-Dupont, Marcille, Martinet (Achille), Mouilleron.

M. le comte de Nieuwerkerke, sénateur, surintendant des beaux-arts, membre de la Commission impériale, est nommé président des quatre sections réunies du jury des œuvres d'art (1er groupe).

* * *

On annonce que la Suisse doit envoyer à l'Exposition universelle les fameux reliquaires donnés par Charlemagne à l'abbaye de Saint-Maurice (Valais). L'un de ces reliquaires est un grand vase d'onyx avec des figures mythologiques en relief; l'autre, en métaux précieux et émaux de style arabe, est, selon la tradition, un cadeau qui avait été fait au grand Empereur d'Occident par le kalife Haroun-al-Raschild.

R. PFNOR.

PHILIBERT DE L'ORME

(*Suite et fin.*)

De ses études à Rome, il tira, suivant les circonstances (car, comme tous les chercheurs vraiment puissants, ce ne fut pas dans le vide, mais en face de difficultés matérielles et pressantes qu'il trouva) des ornementations nouvelles devenues aujourd'hui communes et populaires, mais dont il est juste de lui tenir compte, telles par exemple, ces colonnes ornementées dont il fit, le premier, l'application à Villers-Coterets, et qu'il appelait *colonnes Françaises.*

« Qui empêchera, que nous Français, n'en inventions quelques-unes et les appellions Francaises, comme pourroient estre celles que j'inventay, et fis faire pour le portique de la chapelle qui est dans le parc de Villiers coste-Rets, du temps et règne de la majesté du feu roy Henry : vray est que pour la nécessité ou je me trouvay, de ne pouvoir recouvrer promptement et sans grands frais, des colonnes tout d'une pièce, je les fis faire de quatre ou cinq pièces avec beaux ornements et mouleures qui cachent leurs commissures : de sorte qu'à les voir il semble qu'elles soient entièrement d'une pièce se montrant fort belles et de bien bonne grace. C'est un ordre Corinthien ainsi que vous le cognoistrez mieux, par le discours que j'en feray. »

Mais, ce qui fera de Philibert de l'Orme, l'architecte le plus puissant, sans aucun doute qu'ait possédé la France, c'est l'application de la mathématique, à l'art d'architecture, c'est-à-dire de la merveilleuse coupe des pierres, qui lui a permis de construire mathématiquement, et non par un procédé empirique comme on faisait avant lui, des voûtes de toutes formes. Aujourd'hui encore, les hommes spéciaux trouveront dans son livre, de précieux renseignements, et cependant, il n'avait à sa disposition, que son précieux « compas » et en fait de géométrie descriptive il ne savait qu'une chose, à savoir que « dans toute figure il faut d'abord tirer deux lignes à angle droit. »

C'est encore à Philibert de l'Orme qu'est due l'idée première des prodiges de toiture dont nous voyons aujourd'hui de si surprenantes applications. Certes, ses charpentes sont loin de nos minces armatures de fer, légères comme des toiles d'araignée, mais combien ne sont-elles pas plus étonnantes, si on les compare aux poutres énormes, aux chevronnages massifs qui précédaient leur invention. Les applications que Philibert de l'Orme en tire, sont d'une ingéniosité qui effraye, écoutez la description qui suit, ne dirait-on pas *exactement* celle d'une prison cellulaire, telle qu'on les construit de nos jours :

« J'avois pensé assez d'autres inventions et faict plusieurs desseings prests à mettre en œuvre, entre autres pour faire un dortoir aux religieuses de Montmartre près Paris...... ledit dortoir eut esté si grand et si large qu'il eut couvert non-seulement lesdites cellules des religieuses, mais encore tout le cloistre, et eut esté tout rond et entourné de portiques par le dedans et par le dessus de doubles allées, l'une sur l'autre pour servir de passage à aller aux chambres ou cellules des dames qui se fussent trouvées en grand nombre, selon les sortes et façons qu'on a accoutumé faire pour les religieuses, sans le logement de l'Abbesse qui eut esté plus grand, et de la porte d'une des dites cellules on eut vu toutes les autres.... Ce que je prétendais faire pour ledit dortoir n'estoit de tant grande peine que grande admiration. Je dirai ce mot, quand on voudrait couvrir tout un château et la cour qui serait à son milieu, on le pourrait faire facilement par cette invention. »

Le volume d'architecture de Philibert de l'Orme se termine comme il a commencé par deux images mystiques doctement expliquées, non sans aigreur (dans la première explication surtout), contre les derniers défenseurs de l'architecture gothique, on peut remarquer dans le fond de l'image destinée à représenter « le maladroit architecte. » La caricature d'un château gothique et, par contre, les édifices, palais ou temples, du « docte architecte » rappellent, et de fort près, les inventions de Philibert de l'Orme lui-même.

« Véritablement, ceux-ci (*les mauvais architectes*) ressemblent à la figure d'un homme, lequel je vous représente ci-après habillé ainsi qu'un sage, toutefois fort eschauffé et haté comme s'il courrait à grand peine et trouvait quelsques têtes de bœuf sèches en son chemin (qui signifient gros et lourd esprit) avesques plusieurs pierres qui le font chopper, et buissons qui le retiennent et deschirent sa robe...

Ledit homme n'a point de mains, pour montrer que ceux qu'il représente ne sauraient rien faire. Il n'a aussi aucuns yeux en la tête pour voir et cognoistre les bonnes entreprises, ny oreilles pour ouïr et entendre les sages, ni aussy guères de nez pour n'avoir sentiment des bonnes choses... Bref il a seulement une bouche pour bien babiller et mesdire et un bonnet de sage avecques l'habit de mesmes pour contrefaire un grand docteur et tenir bonne mine. . . . .

. . . .

... Pour revenir à nostre sage représentant l'architecte, je lui figure d'abondant quatre mains pour monstrer qu'il a à faire et manier beaucoup de choses en son temps s'il veut parvenir aux sciences qui lui sont requises. Davantage il tient un mémoire et instruction en ses mains pour enseigner et apprendre ceux qui l'en requerront avec une grande diligence et sedulité représentée par les ailes qu'il a aux pieds qui démontrent aussi qu'il ne veut qu'il soit lasche et paresseux en ses affaires et entreprises. Il montre outre ce, qu'à tous ceux qui le visiteront ou iront voir à son jardin il ne célera ses beaux trésors de vertu ses cornucopies remplies de beaux fruits, ses vases pleins de grandes richesses, et secrets ; ses ruisseaux et fontaines de sciences, ni ses beaux arbres, vignes et plantes qui fleurissent et portent fruits en tous temps. Vous voyez aussi en ladite figure plusieurs beaux commencements d'édifices, palais et temples desquels le susdit sage et docte architecte montrera et enseignera la structure avec bonne et parfaite méthode, ainsi qu'il est manifesté en ladite figure en laquelle aussi vous remarquez un adolescent apprentif, représentant Jeunesse, qui doit chercher les sages et doctes, pour être instruicts, tant verbalement que par mémoires, escritures, dessings et modèles, ainsi qu'il vous est figuré par le mémoire mis en la main de l'adolescent docile et cupide d'apprendre et cognoistre l'architecture. »

Ferons-nous à Philibert un reproche de cette partialité, non certes — et non plus de son obstination à ne jamais se servir des voûtes dites *françaises* à qui pourtant nous devons le chef-d'œuvre de Notre-Dame. Moins partial, il n'eût pas été le novateur convaincu qu'il a été...

Nous avons fait analyser l'œuvre de Philibert de l'Orme par lui-même autant que possible, et en suivant dans son propre volume page à page la série de ses études, quelques mots de biographie pour faire connaître la vie de l'homme comme nous avons tâché de faire connaître son esprit, et nous avons fini.

La vie de Philibert de l'Orme fut des plus heureuses. Né à Lyon, au commencement du seizième siècle, nous le retrouvons en Italie quelques années plus tard ; en 1536, revenu à Lyon, il construit ses premières « trompes. » — Le cardinal de Bellay le protége, le présente à la cour, il construit tour à tour le fer à cheval de Fontainebleau, le château Saint-Maur-des-Fossés, enfin Anet, Meudon et les Tuileries.

A la mort de Henri II, Catherine de Médicis lui confie l'intendance des bâtiments et en 1555 le nomme aumônier et conseiller du Roi, — puis, quoique non tonsuré, lui donne l'abbaye de Saint-Éloi, de Noyon, et de Saint-Serge, d'Angers.

A ce propos Ronsard oubliant que tous deux, l'un en poésie, l'autre en architecture poursuivaient la même œuvre, l'attaqua dans une satyre « la Truelle crossée. » Eh ! pourquoi pas, monsieur du Laurier, quand cette truelle a gâché le plâtre du château d'Anet ?

Enfin, ce fut au milieu de sa prospérité, en l'an 1577, que la mort interrompit l'œuvre du plus inventeur, du plus artiste de nos architectes : Philibert de l'Orme.

J. Du Boys.

R. PFNOR, *Propriétaire-Directeur.*

Paris. — Typ. de Rouge frères, Dunon et Fresné, rue du Four-St-Germain, 43

SOMMAIRE. — Panneau point grisaille. N° 3. L'Air. — Burette. — Vantail d'un meuble de Jean Goujon. — Grilles en fer forgé. — Marteau de porte.

PANNEAU PEINT. GRISAILLE. — N° 3, L'AIR.

(Nos d'ordre 62 et 63)

Nous ne reviendrons pas sur le manque de logique des ornementations de Leriche, dans ses quatre éléments, l'ayant déjà fait ressortir précédemment. L'élégance si délicate de ce dernier panneau rachète du reste amplement ce défaut si c'en est un. Comment se montrer sevère devant cet amour, voltigeant plus folâtre encore que les papillons qui le surmontent au-dessus d'une corbeille de fleurs. Comment ne pas se laisser désarmer par l'agencement si merveilleux et si fantasque de ces enroulements qui commencent par des sirènes, pour continuer par des feuillages et se terminer par des fleurs; dont la tige s'épanouit en ardents flambeaux, arme funeste, jouet dangereux du fils ailé de la blonde Vénus. On ne peut pas demander à l'Almanach des Muses, à Florian, Dorat ou Boufllers de chanter la colère d'Achille, ou l'incendie de Troie.

L'air, dans un bas-relief du Musée de Cluny que l'on trouve en montant l'escalier de Henri IV, l'air, c'est Junon la fougueuse, traînée dans un char, au-dessus des nuages, par des paons, ses orgueilleux coursiers.

L'air dans le panneau de Jean Goujon, qui complète celui que contient la présente livraison, c'est un homme entouré d'oiseaux, qui tient de la droite un caméléon, la bête trompeuse et changeante, comme le souffle qui chasse les nuages et soulève les flots de la mer.

L'air, à l'époque des madrigaux à poudre et des ballets à bergère enrubannées, c'est l'amour papillonnant sur des roses. Toute la différence des deux époques est là.

BURETTE DU TRÉSOR DE L'ÉGLISE DE GMUND.

(No d'ordre 53)

Pour se convaincre du surprenant effet que l'orfèvre peut obtenir par l'alliance des émaux et de l'or, il suffit de jeter un coup d'œil sur la châsse de la cathédrale de Troyes, qui décore en ce moment l'Exposition du Champ-de-Mars.

Devant une œuvre aussi sublime, l'être le plus maltraité par la nature et par l'éducation s'arrête et admire. L'époque romane, par tradition orientale, aimait ces couleurs, ces reflets brillants, ces lumières éclatantes; elle les prodiguait avec une science pleine de goût. Les châsses de Cologne et d'Aix-la-Chapelle en font foi. Le treizième siècle ne resta pas en retard sur son devancier, on peut en examiner la preuve à l'église de Saint-Taurin d'Evreux; le seizième siècle, revivifié par l'Italie, sut reprendre, en les modifiant à sa manière, ces procédés des ciseleurs de Byzance. Je ne sais quel mauvais goût, résultat d'une sécheresse janséniste, avait mis à l'index dans les vases sacrés cet auxiliaire si puissant d'effet, la couleur. On en est revenu. Mais les types, exclusivement de mode à notre époque, sont un peu trop barbares. C'est pour aider à une réaction utile que nous offrons des motifs de la renaissance à nos lecteurs. Pourquoi tomber dans la roideur du geste, dans la naïveté de physionomie, dans l'excentricité de la pose, par simple esprit de parti. N'oublions jamais le goût.

On pourra nous comparer au Caton radoteur de l'antique Rome, notre *delenda Carthago* sera toujours le manque d'élégance en architecture de cathédrale, tout aussi bien qu'en ciselure de bagues (1).

VANTAIL D'UN MEUBLE DE JEAN GOUJON.

(No d'ordre, 72)

On peut s'étonner de voir attribuer à Jean Goujon des sculptures de meubles, de petites têtes, de petites frises, etc., etc. Mais, lorsqu'on se donne le plaisir de vivre quelques jours dans la vie de ces grands artistes français du seizième siècle, on les trouve tellement *ouvriers* comme leurs prédécesseurs, que la surprise disparaît bientôt, pour faire place à l'admiration la plus franche. Les Italiens se faisaient donner des hôtels et des abbayes, le petit Nesle et Saint-Martin de Troyes, se montraient à la cour, se pavanaient au milieu des gentilshommes; les Français grimpaient sur leurs échafaudages pour y recevoir des balles d'arquebuse et y mourir le maillet et le ciseau en main.

A l'encontre du bas-relief de Cluny dont nous parlions plus haut et qui ne représente les éléments que par des dieux ou des déesses, le feu par Jupiter et ses foudres, l'air par Junon et son char, l'onde par Neptune et son Trident; la terre enfin par Diane et son cerf; à l'encontre, dis-je, de ce bas-relief, Jean Goujon n'a pas personnifié ses symboles. On peut, à la rigueur, voir aussi bien Jupiter que Mars dans l'homme du feu : ce lanceur de foudres n'est pas un dieu, c'est simplement un guerrier, son tonnerre fait des ruines. En bas, la terre c'est la paix et son rameau béni, l'abondance et le calme. Dans le vantail opposé, Neptune est remplacé par une femme qui vogue assise sur un dauphin, à travers des contrées étranges, inconnues, inexplorées; Junon par un jeune homme debout sur des nuages, entouré d'oiseaux et tenant, comme nous l'avons dit, en main un caméléon changeant.

On peut accuser d'une recherche peu habituelle au maître le sujet du médaillon central ; mais Ronsard est là pour nous l'expliquer, et le caprice des propriétaires présumables du meuble peut le motiver au besoin. L'amour interne qui offre son cœur, mais sait en cacher les battements, est celui que représente notre gravure, le pendant est l'amour extérieur, celui des sens, la femme les cheveux épars erre au milieu des fleurs, en respire les parfums avec volupté.

Les épouses grecques ne voulaient vivre qu'au milieu des chefs-d'œuvre pour que leur sein fécond enfantât des Adonis. Comme on devait se sentir croître l'intelligence en habitant des lieux meublés de panneaux parlants, comme ceux que nous donnions naguère, comme celui que nous dessinons aujourd'hui. Pourquoi les a-t-on remplacés par des armoires à glace?

GRILLES EN FER FORGÉ.

(No d'ordre, 54)

M. Viollet le Duc, dans son *Dictionnaire raisonné de l'architecture française*, cite un fragment de grillage auquel il n'hésite pas à assigner comme date le quatorzième siècle, et qui a beaucoup d'analogie avec le spécimen du quinzième que nous offrons aujourd'hui. C'est surtout aux habiles ouvriers de Venise la belle que nous devons les plus beaux produits de la rude industrie du fer forgé. Ils n'ont pas la force puissante des compagnons de Munich, d'Aix-la-Chapelle et de Saint-Denis, mais ils gardent toujours la délicatesse et la grâce.

Après avoir contourné le métal ils l'agrémentèrent de découpures obtenues au moyen d'étampes (matrice de fer trempé) et appliquèrent aux intersections de leurs enroulements des feuillages qu'au dix-septième siècle ils remplacèrent par des roses et des fleurs diversement peintes, entremêlées d'ornements en forme de vis dont nous apercevons déjà des essais dans notre grille de la fin du quinzième siècle. Nous aurons occasion de revenir sur cette industrie particulière à propos de trépieds en fer, supports de bassins de braseros, de plateaux d'aiguières et autres sujets en fer forgé, que nous devons publier prochainement.

MARTEAU DE PORTE EN FER FORGÉ.

(No d'ordre 57)

Le dix-septième siècle remplaça la magnifique serrurerie du seizième par de légères découpures, retenues sur le panneau des portes par de nombreux clous à tête ronde. Le dix-huitième suivit complétement son exemple. Nous avons donné dans notre première livraison le marteau de porte en fer ciselé provenant du château d'Anet, qui orne aujourd'hui l'une des vitrines du musée de Cluny. Nous publions comme terme de comparaison la poignée d'une maison bourgeoise du boulevard Montparnasse. Certes, nous sommes loin des croissants entrelacés, des palmes recourbées, des colliers, des couronnes, des dauphins de Philibert Delorme, mais la modeste demeure de l'habitant de la grande ville sous le règne de Louis XVI savait pourtant encore désigner son seuil d'une élégante façon. Pourquoi avons-nous oublié jusqu'à cette élégance. Revenons-y et tout en espérant égaler les maîtres du temps de François Ier et de son fils, sachons au moins ne pas nous laisser dépasser par ceux de Louis XVI et de Louis XIV.

H. du C.

(1) Nous avons donné le plateau de cette burette dans une précédente livraison : inutile de faire remarquer que l'A qui surmonte l'intersection de l'anse et du vase indique au servant, qui aide le prêtre à l'autel, la contenance de la burette *Aqua*; sur l'autre, c'est un V, *Vinum* qui le remplace. Souvent le bouton central du couvercle était formé, dans le premier cas, d'un coquillage, dans le second, d'une grappe de raisin.

Typ. Rouge frères, Dunon et Fresné, r. du Four-St-Germ., 43.

ORNEMENTATION USUELLE

S'adresser, 146, rue de Vaugirard, à Paris, pour tout ce qui regarde l'administration; pour tout ce qui regarde la rédaction, à M. HENRI DU CLEUZIOU, à la même adresse; et pour les abonnements, à MM. DEVIENNE ET Ce, éditeurs, 18, rue Bonaparte, Paris.

CHRONIQUE

DE

L'EXPOSITION UNIVERSELLE

Les mâts sont dressés, les oriflammes flottent au vent, les tourniquets fonctionnent, le *velum* paraît et disparaît. L'exposition du Champ de Mars a ouvert, à l'heure dite, ses portes aux visiteurs. Tout n'est pas complet; mais, si nous nous contentons aujourd'hui d'une simple vue d'ensemble, le prochain mois nous fournira très-amplement matière à des rapprochements étrangers et même à des comparaisons rétrospectives. L'immense ruche est peuplée d'abeilles travailleuses.

Hélas! malgré les mâts, les drapeaux, les écussons, les faisceaux, les oriflammes, ou peut-être à cause de ces mâts et de leurs drapeaux qui, légers, flottent au gré de la brise, rendant plus aérienne encore la décoration des tapissiers, l'architecture paraît courte, basse, trapue, sans forme, sans élégance, sans harmonie. Nous avons dit là-dessus notre opinion, nous n'avons pas à y revenir; l'aspect du palais terminé ne fait que la confirmer entièrement.

Mais à peine le seuil est-il franchi, que l'ordonnance irréprochable de l'intérieur vous force à une admiration complète. Le classement, d'une logique au-dessus de tout éloge, est aussi parfait dans ses subdivisions que dans son ensemble. On part du travail bruyant, de la lutte énergique de l'homme avec la matière, pour arriver *decrescendo* aux conceptions silencieuses de l'intelligence; des industries métallurgiques, de l'emploi des matières premières, aux toiles de nos maîtres, aux chefs-d'œuvre des siècles passés. Cette judicieuse classification des commissaires dispense du volumineux et incommode livret, devenu célèbre de par la justice; catalogue qui brille par une quantité si considérable de renseignements qu'on y perd, pour les y chercher, son latin, son grec, son allemand, son russe, son italien et même son français. Le véritable et *athentique* (sic) portrait du Christ, commandé par l'empereur Tibère César, se trouve à côté des *dentiers* à succion sans ressorts, à deux pas des *Villes de France*, vêtements sur mesure et confections pour dames.

Si vous affrontez les échelles doubles et les ballots, laissant les machines que l'on essaye, passant par-dessus les sabres, les fusils, les cartouches et les Chassepot, principale *attraction* du moment, près desquels, du reste, stationne toujours une foule nombreuse, vous pouvez déjà juger, dès l'orfévrerie, de ce que sera dans quelque temps l'Exposition française. Les surtouts de Christofle témoignent d'une originalité pleine de goût, les vases sacrés de ses voisins, des progrès que l'étude archéologique a fait faire en ce genre d'industrie depuis ces dernières années.

La céramique française mérite une étude particulière. Dans cette branche, ce me semble, on peut déjà certifier que nous l'emporterons sur les autres nations européennes. Les chefs-d'œuvre d'Avisseau de Tours, les imitations surprenantes de Pull, les fantaisies nacrées de Brianchon, les faïences d'Ulysse de Blois, les produits de Nevers, les Rouens de Genlis et Rudhart, marquent une vraie révolution dans l'art de terre. Je ne parle que pour mention de Jean et de Th. Deck ; l'*Ornementation usuelle* vous a déjà donné les primeurs de leurs envois.

Dans le mobilier, nous brillons moins ; au point de vue artistique, les cabinets italiens sont incomparablement au-dessus de tout ce qu'ont envoyé nos marchands de bois plaqués. L'Italie a conservé le goût, cette précieuse fleur dont, à l'époque de la Renaissance, elle nous a laissé cueillir une bouture. Les mosaïques du baron de Triquetti sont là pour le prouver. Il n'y a que la patience russe du professeur Neff à pouvoir lutter avec elles.

Baccarat vous éblouit ; nous n'avons pu, dans quelques visites, nous faire encore à tant d'éclat ; nous reverrons ces superbes cristalleries.

La tapisserie française tient toujours le premier rang. Beauvais et les Gobelins savent que noblesse oblige.

Dans la peinture, nous n'avons pu nous arrêter au gré de nos désirs, l'objet de nos études nous interdisant une station qui, certes, se serait prolongée de manière à nous faire oublier les heures.

Enfin la galerie de l'histoire du travail, cette portion du Palais si intéressante pour nous, n'étant encore ni cataloguée, ni complète, nous n'avons pu qu'y glaner çà et là des observations, qui trouveront plus tard leur place, et dans nos chroniques et dans le corps de notre journal.

Mais qu'on nous permette une petite réflexion.

Les modèles manquent ; Messieurs les collectionneurs, enchantés d'exhiber leurs richesses, vous en offrent avec une générosité sans égale. Vous, ciseleurs, orfévres, menuisiers, tapissiers, vous ouvrez votre carnet, et vite en besogne, vous prenez le croquis rêvé, cherché depuis si longtemps. — Halte-là ! — Regardez, mais ne dessinez pas. — Pourquoi exposez-vous alors ? Et que me fait à moi que M. un tel ou un tel soit possesseur de ceci ou de cela, seul renseignement que vous me permettiez de prendre. Donnez des heures, si vous voulez ; mais puisque vous êtes généreux, soyez-le complétement, on ne marchande pas en pareille occurrence.

La partie russe, danoise et suédoise de ce musée rétrospectif est bourrée de richesses. La partie française ne le cède en rien à ses voisines ; on y trouve de tout, depuis les pots gallo-romains de M. Charvet, les casques celtiques de Falaise, le bouclier de Fougères et les colliers de Toulouse jusqu'aux meubles Louis XVI de M. Double ; depuis les faïences d'Oiron, les chasubles brodées, les émaux de Limoges et la magnifique châsse de la cathédrale de Troyes jusqu'à la collection la plus complète de mules, de pantoufles et de hauts patins qui se puisse rêver.

Dans le parc, les écuries russes continuent à avoir un véritable succès. N'ayant aucune espèce de notion sur la valeur de Fasan, de Scipion, de Vapsikoss, ou d'Iskander-Pacha, nous nous contenterons de signaler le côté pittoresque de toutes les constructions de cette partie du jardin, constructions dans lesquelles, du reste, on ne pénètre pas encore ; notre gravure en donne parfaitement l'aspect. Le parc est loin d'être terminé ; mais la multiplicité des *beuveries* commence à lui donner un cachet tout spécial. Auprès de constructions sérieuses et pleines de caractère se dressent des fantaisies un peu trop parisiennes. Ne portons pas un jugement prématuré, rien n'étant encore complétement fini ; mais l'effet de ces contrastes nuit à l'ensemble.

Auprès du temple égyptien, où stationne encore plus silencieux qu'auparavant, le grand-prêtre d'Isis que nous avons déjà rencontré, désignant de la main l'écriteau réglementaire : « Il est expressément défendu au public d'entrer ici ; » auprès du temple d'Égypte s'élève, à la place de la tour de porcelaine, un restaurant chinois construit dans le style de Ba-ta-clan. Ailleurs, ce sont d'autres cafés qui font pendant à des musées particuliers.

Le Champ de Mars s'efforcerait-il de faire concurrence au Pré Catelan. Ce serait vraiment chose regrettable. On doit, de cette exhibition grandiose, emporter une autre impression qu'un souvenir de joyeuseté cosmopolite.

L'entrée et la sortie, sous ce point de vue, ne sont pas heureuses. Au pont d'Iéna, lorsque l'oreille assourdie déjà par les refrains des serinettes à trombone, à grosse caisse et à trompette, qui émaillent les galeries intérieures, vous gagnez le large, c'est le bourdonnement de la musique du café tunisien qui vous accompagne au delà des barrières.

Un peu moins de sonneries foraines aurait peut-être mieux fait dans une exposition universelle.

Le Champ de Mars devrait craindre de se changer en champ de foire.

HENRI DU CLEUZIOU.

DE L'AMEUBLEMENT

ET DE

LA DÉCORATION INTÉRIEURE DE NOS APPARTEMENTS

(Suite)

Quant au tissu des siéges, il est bien évident que ce n'est pas avec l'étoffe vendue au mètre que vous pourrez obtenir les effets perspectifs que j'indique ; mais la chose devient beaucoup moins difficile avec l'étoffe d'Aubusson. Vous savez qu'on la fabrique spécialement pour les siéges et presque toujours sur commande. Je suis donc bien loin d'exiger l'impossible du peintre décorateur quand je lui demande de produire une illusion qu'il obtiendra certainement, s'il sait se servir de sa palette et des objets naturels qui lui viennent en aide dans sa perspective de chambre ; si, prenant au sérieux son rôle de chef d'orchestre, il tire hardiment parti de chaque instrument, abaissant le ton de celui-ci, augmentant dans de sages mesures le ton de celui-là, ménageant avec art ses solistes, pour arriver ensuite, avec une délicate transition, à l'ensemble des masses.

Les couleurs alliées à l'architecture complètent les jouissances de la vue ; réparties avec goût et discernement, variées avec esprit, vivifiées par des lumières savamment ménagées, elles font valoir les parties architecturales. C'est assurément l'un des rôles principaux de la peinture, mais est-ce le plus important pour le sujet que nous traitons ici ? Non ; elle est encore merveilleusement apte à faire valoir les carnations, soit par le contraste des couleurs et de leurs tons, soit par le jeu des reflets.

Mais laissons là les théories et entrons dans la vie. — Le salon, d'ailleurs, vise aussi à l'effet des grands contrastes heurtés, car les fauteuils, les canapés, les chaises se détachent en rouge ponceau sur les panneaux blanc et or. La maîtresse de la maison, dont j'admirais à l'instant la jeune et belle carnation rosée, vient de prendre place sur l'un de ses canapés... Mais que s'est-il donc passé en elle? Quelle soudaine et douloureuse émotion l'a saisie? Comment et pourquoi le rose de ses joues a-t-il tout à coup fait place à une teinte presque livide? Tranquillisez-vous. La souffrance n'est pour rien dans ce phénomène. C'est la faute au tapissier. Oubliant que la complémentaire du rouge c'est le vert, il a garni ces meubles de velours ponceau. De là la transfiguration, la défiguration faudrait-il dire, à laquelle nous assistons.

A cela, quel remède? Tout simplement, dans ce cas, l'emploi de vert tendre, que l'on tiendra à deux, trois ou quatre hauteurs de ton, suivant la carnation du portrait vivant que vous voudrez détacher sur votre fond, en conservant, en exaltant même les dons qu'il tient de la nature. Mais, me dira-t-on peut-être, toutes les carnations de femmes ne sont pas roses. L'Espagnole, l'Italienne, la Créole, comptent aussi à côté des blanches filles du Nord, et la France à elle seule peut facilement présenter tous les types choisis de la forme et de la couleur. Avez-vous des cadres et des fonds variés pour tous ces modèles toujours charmants, jamais semblables?

Je réponds hardiment oui, car l'harmonie des couleurs est une science certaine, glorieusement pratiquée par les grands coloristes anciens et modernes, étudiée savamment, agrandie et fixée par un de nos illustres contemporains. J'ai nommé M. Chevreul.

Je ne puis m'étendre trop longuement aujourd'hui sur cette matière, j'indiquerai cependant quelques idées générales relatives au sujet qui nous occupe en ce moment.

Voyons d'abord l'effet que peut produire ce que j'appellerai les couleurs mères sur les carnations blanches.

Tout le monde sait ici que le rouge ayant pour complémentaire le vert donnera à la peau un teint vert jaunâtre, par le mélange qui s'opérera entre le ton de chair et la complémentaire du rouge; que l'orangé donnera une teinte bleu verdâtre, que le jaune donnera une teinte violet roux, que le vert foncé donnera une teinte rouge brique ou lie de vin, que le bleu, dont la complémentaire est l'orangé, exaltera le ton de chair, etc.

Est-ce à dire que l'on doive bannir entièrement de l'ameublement l'emploi des couleurs que nous venons de désigner? Non; mais il est urgent, dans ce cas, que le décorateur sache s'en servir avec ménagement et qu'il cherche surtout le moyen de les éloigner autant que possible de la figure.

Supposons un fauteuil recouvert entièrement avec une des couleurs désignées ci-dessus. Le tapissier décorateur devra disposer sur la partie la plus élevée de son siége, sur le dossier enfin, une seconde étoffe découpée en forme de lambrequin, par exemple, et qui sera d'un ton de gris ou de tout autre ton neutre assorti à la hauteur de ton de la couleur principale; et, suivant le goût qu'il saura développer dans la façon de poser cette seconde étoffe, il pourra en faire un arrangement qui ne manquera peut-être pas d'une certaine originalité et même d'élégance, mais qui, dans tous les cas, aura atteint le but recherché, c'est-à-dire que la couleur principale du meuble n'aura plus d'action sur les carnations. J'ajouterai que, dans la plupart des cas, il serait préférable d'agir sur les carnations par le contraste des gammes que par les complémentaires; d'employer, par conséquent, le rouge intense lorsqu'on voudra abaisser une carnation trop montée en rouge. L'orangé poussé à sa plus grande valeur abaissera par contraste de ton les carnations orangées, etc., etc. Plus la couleur de l'étoffe sera exagérée de hauteur, plus elle amoindrira, par contraste, le ton naturel de la peau. Mais il en est des couleurs comme des poisons; elles doivent être dosées par la science.

Cette science ne s'apprend pas au pied levé. Il faut l'étudier. Sa connaissance profonde et complète est de première nécessité pour ceux qui dirigent l'ensemble de nos travaux décoratifs. Ils doivent aussi connaître les lois de l'optique et bien d'autres choses encore, que nos *Fa presto* du jour trouvent longues et fastidieuses à apprendre. Aussi voyez ce qui se fait autour de vous! Et ce n'est pas tout: combien d'autres, entièrement étrangers par état à ces études, se mêlent de choses dont ils n'ont pas la plus rudimentaire notion! N'entendez-vous pas sans cesse des personnes qui vous disent: « Comment trouvez-vous mon appartement? C'est moi qui en ai dirigé les travaux; j'ai choisi mes étoffes, j'ai choisi mes meubles, j'ai choisi mes bronzes; je crois que j'ai assez bien réussi. Qu'en dites-vous? »

Eh! parbleu! qu'on le voit bien. Aujourd'hui, tout le monde est artiste comme tout le monde est médecin. Qui n'a vu souvent cette double science infuse s'étaler complaisamment? Hier encore, blessé au genou, je gardais la chambre, et soudain tous mes amis se sont transformés en médecins, c'était une Faculté tout entière, chacun portant et offrant son remède. Un vrai médecin, que vous connaissez tous, un des patrons de l'Union centrale, l'excellent docteur Caffe, est heureusement survenu, et voilà pourquoi je suis guéri et ne suis plus muet.

Mais revenons au salon.

Les invités se sont assis. Eh! mon Dieu! qu'ont-ils donc? Ils ont l'air de causer ou d'écouter tranquillement, et cependant ils se remuent sur leurs chaises comme s'ils avaient perdu l'équilibre. Celui-ci passe sa jambe droite sur celle de gauche, un instant après, c'est la gauche qui revient sur la droite. Il se remonte sur son siége; il est de face, il se met de trois quarts, et tout le monde se remue ainsi. Est-ce une charade en action? Prenons un siége et voyons s'il nous donnera le mot.

E. Guichard.

(La suite prochainement.)

ESSAI
SUR
L'HISTOIRE DE LA POTERIE FRANÇAISE

II

Les symboles de l'immortalité : le scarabée; le phénix; le crocodile noir. — Déformation de la fleur de lotus. — Celtes et Franks.

Dans tous les âges, un des premiers besoins de l'être humain a été, suivant la belle expression de Jean Reynaud « de marier ostensiblement la mort avec la Renaissance. » De là sont nés pour les peuples enfants des symboles. L'ignorance, petit à petit, a couvert la pureté primitive de ces symboles d'une couche épaisse, au-dessous de laquelle le penseur peut à peine les entrevoir aujourd'hui ; mais par l'étude comparée des différentes races, il parvient facilement, les ayant retrouvés chez les unes, à les deviner, et partant à les restituer chez les autres. Le cadre de notre étude ne nous permettant pas une longue digression dans ce sens, nous nous bornerons simplement à indiquer les emblèmes qui, se rapprochant de la fleur sacrée qui nous occupe, ne sont pour ainsi dire que le commentaire de sa sublime signification.

Le scarabée pétrit en boule une masse infecte de déjections animales, y dépose son œuf, la roule et la durcit en la traînant sur le sable; et, du sein de cette boule, la larve sort insecte brillant et s'élève à son tour vers le ciel. L'Égyptien observateur a

Fig. 20 (demi-grandeur d'exécution).
Coupe ornée de lotus. — Musée Egyptien.

fait du scarabée l'image d'une vie nouvelle. « Le phénix, dit Hérodote, fait avec la myrrhe une masse en forme d'œuf, la creuse, y dépose le corps de son père et le porte ainsi enveloppé au temple du Soleil, puis s'envole, déployant à l'air pur ses ailes de pourpre et d'or » (1). Pour le fellah du Nil, le phénix devient l'oiseau immortel.

Le crocodile noir Avank-Du.—Ce premier dragon de la légende celtique a fait déborder le lac des grandes eaux. Hu, le dieu aux *ailes étendues*, aidé de Koridwen, la fée blanche, attèle ses bœufs

Fig. 21 (demi-grandeur d'exécution).
Coupe ornée de trois lotus. — Musée Egyptien.

à la *coque* du monstre. Le lac rentre dans son lit. Les deux époux meurent de ce puissant effort, laissant pour leur survivre la belle Creiz-Viou (le milieu de l'œuf). Le Celte voit dans ce germe le grand symbole du principe de la vie (2).

Mais au-dessus de la boule du scarabée, au-dessus de la myrrhe du phénix, au-dessus de l'œuf d'Hu le puissant, brille partout dans l'Assyrie, dans l'Égypte et dans la Gaule, le lotus rayonnant, la fleur, premier souvenir par excellence de la régénération.

Fig. 22 (grandeur d'exécution).
Étui égyptien orné de lotus. — Musée du Louvre.

Les coupes égyptiennes en sont couvertes (fig. 20-21). On le retrouve dans la main des jeunes filles, à l'œil oblique, qui semblent en respirer le doux parfum avec amour (fig. 23). On le revoit porté par les prêtres à la mitre d'or, qui décorent les bas-reliefs de l'immense Ninive (fig. 24) ; les briques de Babylone en offrent des vestiges très-apparents (fig. 25). On pourrait le reconnaître même sur les frontons des propylées et dans les anté-

(1) Les Fables sur le phénix oiseau sont très-variées, celle du phénix renaissant de ses cendres ne s'est accréditée que dans la suite; sur la plupart des monuments égyptiens, il est représenté s'envolant du sein de la fleur de lotus, issant d'une sorte de coupe et passant au-dessus d'une étoile.

(2) Tout à l'heure, nous retrouvions dans l'Hindoustan (voir page 20, livraison 9, mars 1867) une légende gauloise, voici dans l'Égypte une croyance, un symbole celtique : le Musée du Louvre est plein d'objets absolument semblables à ceux que l'on découvre dans les soi-disant Dolmens de nos contrées. On cherche l'emmanchement du *Celtæ*. On en donne des dessins grotesques, et il y a des années que Paris en possède de complets encore liés, tels que les élevèrent dans la bataille les Chefs au collier d'or. Ce n'est pas dans de vaines mais pompeuses élucubrations, qu'il faut apprendre à lire les cercles de la grotte mystérieuse, la clef de toutes ces choses est ailleurs. Il n'y a pas tant de différence que l'on croit entre le tertre vert sous lequel Merlin repose et les grandes Pyramides. Les peuplades inconnues de l'Afrique centrale et des Iles océaniennes, qui dansent la danse du glaive bleu, et brandissent la hache de pierre, ont peut-être sur la poitrine le mot de l'énigme que nous cherchons depuis tant de siècles.

fixes des temples d'Athènes (fig. 26). Les Celtes en avaient gardé le signe sur les flancs émaillés de leurs vases (fig. 27), tant était puissante et vraie la reconnaissance méritée de l'homme à la bienfaisante nature.

Mais, dans la nature, il est encore un choix. Les impressions

Fig. 23 (grandeur d'exécution).
Bas-relief égyptien. — Musée du Louvre.

prises dans le règne végétal sont toujours antérieures à celles qui s'inspirent du règne animal; elles témoignent d'une pureté, d'une innocence complétement primitives. La fleur se laisse prendre, se laisse admirer à loisir, la bête s'échappe et fuit le regard.

La première terre pétrie imita donc, dans sa forme, la fleur

Fig. 24.
Bas-relief du Palais de Khorsabad. — Musée du Louvre

tantôt ouverte, tantôt fermée (je n'en veux comme dernière preuve que cette forme *apode*, générale à toutes les races de l'univers, et qui figure, à n'en pas douter, la fleur et la tige coupée, enlevée de la terre et portée dans la main. (Fig. 12, 13, 14, 15.) Mais le modeleur d'argile, cet être nécessairement contemplatif, dans la corolle de la plante remarquait des divisions, des pétales; il en traça sur l'objet sorti de ses mains. Voyez-vous poindre le premier motif de l'ornementation? Elle aussi devait naître de l'amour instinctif de l'homme pour ce qui sort du sein de celle que féconde les baisers du soleil.

Pure, limpide et calme, la source, à l'endroit le plus caché de la forêt, reflète dans toute leur vérité grandiose les roseaux, les grands arbres, les fleurs qui l'environnent. Plus immaculée, l'âme de l'homme, à l'origine, comprenant aussi tout d'abord la nature végétale, la refléta la première en cherchant à l'imiter à son tour.

HENRI DU CLEUZIOU.

(*La suite prochainement.*)

LES ARTS PARISIENS.

LE MEUBLE

(*Suite* [1])

Nous voici donc à la table, maintenant. La table à manger, le meuble des meubles, disait Grimod de la Reynière; seul indispensable avec le lit dans l'opinion gloutonne des anciens, qui les plaçaient l'un contre l'autre et mangeaient couchés, pour digestion meilleure. On se tenait ordinairement trois sur un matelas, réservant à l'hôte la place du milieu, de même que dans les festins le lit du milieu était le lit d'honneur. Les modernes ont jugé plus commode de manger assis et de passer de la table au lit ou du lit à la table : c'est bien à peu près la même chose. Paresse et gourmandise jadis se confondaient; aujourd'hui elles se succèdent, voilà toute la variante. Quelques-uns mangent debout, comme aux buffets de chemin de fer, c'est gênant et malsain; l'estomac se contracte et reçoit mal la nourriture. Il y a quarante ans, c'était assez l'usage, dans le commerce parisien, de faire manger debout les apprentis et les commis, afin, sans doute, qu'ils mangeassent moins. De quoi ne s'aviserait un marchand!

Les premières tables à manger dont on ait, chez nous, la tradition, étaient des plateaux demi-circulaires avec rebords ou galeries d'où tombaient des draperies qui cachaient les tréteaux. On fait aujourd'hui, pour le déjeuner de coin du feu, des tables volantes qui rappellent assez celles-là. Sur ces tables les mets seulement étaient posés; quand le mangeur avait soif, il se levait pour aller boire au dressoir, ou à la crédence, moyen tout aussi bon qu'un autre de détourner ou de gêner l'excès. Les plats eux-mêmes n'étaient pas toujours servis; le buffet en restait paré, comme à demeure, et les domestiques y coupaient et puisaient selon l'appétit et le goût de chaque convive. Les vins fins, les liqueurs, les épices et confitures attendaient leur emploi sur des petites tables immobiles, en bois, en métal, en marbre, ou en or, parfois en argent, enrichies de mosaïques, d'incrustations, de peintures, armées de pierreries magiques et tutélaires qui devenaient noires au voisinage des poisons, de même que les fidèles verres de Venise se brisaient quand une boisson dangereuse y tombait. Que ne nous fait-on encore de ces verres-là, en notre temps de vins faux et d'absinthe!

(1) Nous réparons un oubli, en publiant ce passage fort intéressant concernant *la Table;* ces lignes devaient venir à la suite de l'art. de la 8e livraison.

Plus tard les tables devinrent ovales, oblongues, à pieds droits à devanture découpée, grillagée ou pleine, sur laquelle, pour amusement, se voyaient des sujets, des devises, des sentences d'hygiène et de cuisine. Il y en avait de fort étroites pour manger à deux seulement, l'amante et l'amant, la maîtresse et le maître, la reine et le roi, non pas vis-à-vis, mais côte à côte, assis souverainement, au seizième siècle, dans une belle fourme à bras, avec dossier, montants magnifiques et dais. Les assiettes arrivèrent tard en ce tête-à-tête, on n'en eut d'abord qu'une pour les deux, par amoureuse économie. Seulement chacun avait sa salière, prenait ou recevait poliment un morceau, le salait et le mangeait. La nappe vint après le surtout, série d'ornement fort ancienne; cette tenture blanche ne fut guère connue qu'au douzième siècle. Elle se mettait en double, d'où lui fut donné son autre et premier nom de *doublier*, si conservé en Normandie.

La grande table des festins était ce qu'elle est restée, une suite de planches assemblées sur tréteaux, en fer-à-cheval, presque toujours, les convives assis d'un seul côté, le dos à la muraille, afin d'être plus à l'aise pour voir les *entremets*, divertissement formidable dont la splendide hospitalité d'alors accompagnait ses profusions. Tout se tient dans ces grandeurs féodales, et quand seulement aujourd'hui nous voyons ce qui meublait l'âtre des cuisines, nous sommes incrédules ou épouvantés. Les domestiques servaient par devant, une armée; pour traiter honnêtement deux cents personnes, on en levait mille. Les mets principaux étaient apportés en cortége, au bruit des fanfares, par des maîtres d'hôtel à cheval quand il y avait à table le roi ou l'empereur. A présent on est petit, comparativement, et le temps dit plutôt rapacité que dépense. Banquier n'est point seigneur. A pères prodigues, fils avares.

On fit sous Louis XI le guéridon, la table carrée sur un pied, et la table à jouer décorée d'emblèmes. Modèle charmant.

AUG. LUCHET.

BULLETIN

RESTAURATIONS A L'ÉCOLE DES BEAUX-ARTS. — On vient de terminer dans la cour principale de l'École des Beaux-Arts, les travaux de restauration des curieux monuments d'architecture dont cette cour est décorée.

On a restauré, sur le côté gauche, les sculptures provenant de l'ancien hôtel de la Trémouille, et, sur le côté droit, le magnifique portail qui formait le motif principal de la cour intérieure du château d'Anet, érigé par Philibert de l'Orme pour Diane de Poitiers, célèbre maîtresse du roi Henri II. Ce portail est à trois ordres : dorique, au rez-de-chaussée; ionique, au premier étage, et corinthien à la partie supérieure. Dans la baie du premier étage, on achève en ce moment la pose du buste d'Alexandre Lenoir, à qui l'on doit la conservation de ce brillant spécimen de l'architecture de la plus belle époque du seizième siècle, et de tant d'autres monuments précieux pour l'histoire de l'art.

Quand, il y a un an, on commença cette restauration du portail, plusieurs critiques se sont élevés contre ce travail; une vraie tempête surgit contre les meurtrissures dont ce monument allait être l'objet. Ces zélés critiques qui d'habitude se font un devoir de crier contre toute mesure qui tend à conserver les monuments, auraient dû, au préalable, étudier la question, c'est-à-dire regarder de près ce monument, ils auraient trouvé, comme nous, qui, à cette époque, mesurions et relevions le portail, qu'il y avait un danger réel à le laisser dans l'état où il se trouvait. Toute la partie supérieure, la plus belle, menaçait ruine : la base des colonnes était écrasée; les colonnes se déplaçaient sous le poids de la corniche, et toutes les sculptures de cette corniche, les antéfixes, etc., tombaient littéralement en morceaux.

On pouvait d'ailleurs s'en rapporter à l'architecte chargé de la restauration, M. Duban, qui, maître ès arts de restaurer les monuments, y a mis un soin tout particulier. R. P.

* * *

BIBLIOGRAPHIE. — L'ÉMAIL DES PEINTRES, par Claudin Popelin (1). — Ce beau petit livre, imprimé par M. Claye, est une véritable pièce d'exposition typographique. Nous lui reprocherons seulement d'être fait en caractères d'autrefois, suivant une manie nouvelle, étrange et répandue. Sa correction ne nous a permis d'y découvrir que deux fautes, dont la première servira de marque à l'édition. C'est la moitié d'une bonne chance. Ajoutons même que ces types imités d'un autre âge sont ici comme à leur place et nous font illusion. Ils vont et siéent à la forme familière et gauloise adoptée par l'auteur pour son entreprise et ses leçons. Le livre qu'il nous donne rappelle ceux qu'on faisait au temps où l'art avait des servants et des pontifes, des croyants et des ardents, des oppresseurs et des victimes. S'il voulait dire, ce dont on semble ne se douter guère! que la foi dans le beau nous revient? Saluons-le toujours; qui sait! Toute œuvre contient un secret, lequel se révèle tôt ou tard. Ans ou siècles, le temps n'y fait rien.

M. Claudius Popelin est du trop petit nombre des beaux émailleurs modernes. Deux ou trois avec lui, et c'est tout. Un art difficile que le leur : coûteux, pénible et peu complaisant aux gens pressés. Il faut donc y être doué particulièrement. Nous parlons ici de l'émail des peintres, le seul dont l'auteur ait voulu traiter, tout autre emploi des émaux lui paraissant relever plutôt de l'industrie que de l'art. Or il n'a point pour l'industrie une considération haute. Il n'augure pas beaucoup de la tendance qui existe à rapprocher « ces frères ennemis. » L'expression d'*art industriel* lui semble presque un barbarisme, et il félicite les anciens, qui pourtant appliquèrent si heureusement les arts plastiques aux objets d'utilité, d'avoir ignoré cette appellation hybride.

Moins exclusifs, parce que nous sommes moins autorisés, et que favorablement d'ailleurs les moindres efforts nous disposent, il nous souvient néanmoins que, sans les expositions des beaux-arts appliqués à l'industrie, nous connaîtrions mal ou point l'œuvre excellente de M. Claudius. Le premier spécimen nous en est apparu, je pense, dans deux plaques qui décoraient et illuminaient un meuble de finance en chêne, superbement fabriqué par M. Mazaroz. Il y a de cela quatre ans. En cette rencontre, nous l'affirmons, les « frères ennemis » s'étaient très-réconciliés. Mais, son injustice spéciale à part, et pour beaucoup d'autres cas, notre maître émailleur a raison. Le faux luxe est entré dans les mœurs comme la marée, qui, bienfaisante d'abord ou semblant l'être, ne laisse en se retirant que fanges et pestilences. Les bonnes notions de produire sont bouleversées; l'abondance de biens a nui. Lorsque jadis les riches, peu nombreux, ne suscitaient qu'une

(1) Un vol. in-8. Paris, A. Lévy, éditeur.

fabrication limitée, l'artisan et l'artiste, solitaires murés et énamourés dans leur tâche, savaient presque toujours unir la solidité de la façon à la recherche de la forme. A présent, ils ne le savent ou ne le veulent plus. Sauf exceptions rares et précieuses, les deux conditions se disjoignent : vous avez, en foule, l'apparent mal fait ou le solide sous pauvre mine. Pourquoi ? C'est la vitesse qui le veut, répondant au peu d'argent qu'on y met. Devenus riches du soir au matin, il nous a fallu l'opulence du matin au soir. A bon marché et mauvaise durée : soit ! Qui s'en est plaint ? les connaisseurs : combien sont-ils ?

Par bonheur, l'excès porte la mort en ses flancs ; et de celui-ci porté à l'extrême nous pouvons, je crois, conclure à la renaissance prochaine des belles choses. M. Popelin le croit aussi. Tout y pousse, et déjà de grandes tentatives sont faites. La mauvaise marchandise s'avilit ; les instincts honnêtes s'en détournent. D'où ce mouvement ? On ne le sait guère. La reconstruction de Paris y est peut-être pour quelque chose. A demeure nouvelle mobilier nouveau. Au buffet-étagère il faut de la vaisselle visible. D'argent ? non pas encore, mais de terre.

Aussi la céramique est-elle de tous les moyens décoratifs celui qui, à cette heure, affecte le plus de progrès. Est-ce parce qu'il y entre du métal, en notre époque métallique ? Est-ce parce que le feu la produit, en ce temps de forges et de fournaises ? Toujours est-il que la faïence revient. Or la faïence ne saurait se passer de l'art. Du vase des rois jusqu'à l'humble écuelle, il y faut la forme et la couleur. Opaque ou transparente, terre ou verre, la céramique est métier noble.

L'Italie, l'une de ses patries, lui a donné pour éleveurs Luca della Robbia, Giorgio Andreoli, Cenzio, Xantho da Rovigo, et les verriers de Murano. Leurs œuvres sont chères aujourd'hui, et disputées comme des antiques. Les seigneurs d'alors s'en mêlaient, y dépensaient, s'y mettaient ; ils venaient curieusement voir chauffer et défourner. Le duc de Ferrare imposait les dessins de Raphaël aux potiers de sa ville. Les majoliques servaient aux cadeaux souverains. Venise offrait à l'empereur Frédéric III une coupe en verre du Beroviero. Le Tudesque, il est vrai, répondit qu'il aimait mieux de l'argent : affaire de nationalité peut-être ; les Allemands, volontiers, nieraient la faïence italienne.

La France, selon Popelin, n'aurait eu qu'un homme dans la faïence ; c'est Palissy. Rouen ni Marseille, Nevers ni Strasbourg, Moustiers ni Bordeaux, n'ont, dit-il, fait de l'art en leurs industries charmantes. C'est trop absolu pour être entièrement vrai : j'en prends à témoin le livre de M. Lebroc de Segange sur les faïenciers de Nevers. Au moins, dans la résurrection qui s'opère, le maître difficile et grand nous accordera-t-il Pull, Pinart, Bouquet et Collinot.

Cette renaissance française de la faïence promet d'être cruelle à la porcelaine décorée. Pauvres petites couleurs hasardeuses et fugitives, que le feu dénature, mais ne fixe pas ! Quel goût pourtant de peindre là-dessus des tableaux, et des portraits, où les chairs sortent jaunes, où les méplats deviennent des fosses et des bosses ! Le talent s'y perd en déceptions désolantes ; pourquoi donc y persisterait-il ? A la faïence désormais, ces pinceaux inutilement braves ! Voilà qui les vaut, j'espère. Le fier émail cru les défie, lui qui n'attend personne et ne souffre pas de retouches ; lui qu'on n'aborde qu'à main levée. A la faïence, et sa gamme étroite de couleurs indestructibles, qui font si gaiement les mers violettes et les arbres bleus ! Toute fantaisie, du moins, peut se risquer dans cet impossible : tout caprice trouve à s'y régaler. C'est l'amusement du dressoir et l'éclat de rire du couvert. Retournez, pâtes dures et pâtes tendres, à votre blancheur immaculée. Perdez-vous, neiges solides, dans le cristal, la serviette et la nappe. L'émail sur métal veut renaître aussi, sublime application de la peinture vitrifiée, dans laquelle non plus rien d'illustre ne s'était fait depuis les Pénicaud, les Courteis, les Léonard, les Jean Fouquet, les Clouet. Après ceux-ci, que nul ne surpassa, les Nouailher sont venus, et les Laudin ; mais que furent-ils en comparaison ? Puis des faiseurs de pastiches indigestes, indignes brocanteurs, fraudeurs, manufacturiers et contrefacteurs des choses saintes, fabriquant à l'envi du faux vieux qu'on vendait très-bien cependant, à cause ou malgré que ce fût horrible.

Aujourd'hui, le métier se remplit de gens honnêtes et habiles qui copient à merveille, mais qui copient. O le beau temps des copistes en toutes choses ! Le livre de M. Popelin voudrait ardemment que l'on copiât moins. Hélas ! l'auteur y prêche avec amour et vigueur la reprise laborieuse des traditions de ce grand émail royal, venu au monde en France, à ce qu'il assure, et non pas à Cologne, comme les Allemands se complaisent à s'y tromper ; et nous avec eux. Vieil art qui eut Limoges pour ville natale, *opus Lemovici ;* que saint Éloi, apprenti limousin, apprit sans doute de l'orfévre Obbon, son maître, et probablement transmis à Théau, son disciple, baptisé *Oculi* dans la complainte bouffonne...

Les autres émaux sont industriels et de tous pays : de l'Orient surtout et de la Chine ; émaux cloisonnés, émaux champlevés ; mais l'émail dit *des peintres*, directement appliqué sur une feuille de métal, ainsi qu'on fait des couleurs à l'huile sur une toile bitumée, cet émail excellent, et *immarcessible*, comme l'appelle Théophile Gautier, celui-là, répétons-le avec orgueil, est français et de Limoges.

Et de même qu'il prêche, le beau donneur d'exemples enseigne, en une langue pleine de science, de forme, de charme et d'originalité. Son traité de l'émail amuse et saisit comme une rabelaisienne légende. Tout y est : les cinq métaux, or, platine, argent, cuivre et fer ; leur choix, leur préparation ; l'emboutissage des plaques, le repoussé, la ciselure (on n'est pas bon émailleur si l'on n'est un peu orfévre) ; le décapage ou dérochage, qui est de la chimie ; la fabrication des supports ; la composition des émaux et leur coloration, nouvelles et anciennes : car, de même que le vrai peintre devrait savoir faire ses dessous, et ses pinceaux, et ses couleurs, il convient que l'émailleur complet soit son propre ouvrier, du commencement à la fin : puis la construction des fours, leur aération, leur orientation ; la connaissance et le choix des combustibles ; les difficiles manœuvres de l'enfournement et du défournement. Tout enfin, je vous le dis, moins le talent et surtout le génie, qu'on peut posséder un jour quand on est M. Popelin, mais qu'il n'est donné d'enseigner à personne.

Oh ! ce ne sont pas les méthodes qui manquent. Il manque le désir, l'ardeur et la volonté... Que fais-tu donc de tes belles années, jeunesse ?

AUGUSTE LUCHET.

R. PFNOR, *Propriétaire-Directeur.*

Paris. — Typ. de Rouge frères, Dunon et Fresné, rue du Four-St-Germain, 43

EXPOSITION UNIVERSELLE

DE

1867

HABITATIONS RUSSES

CONSTRUITES DANS LE PARC DU CHAMP DE MARS

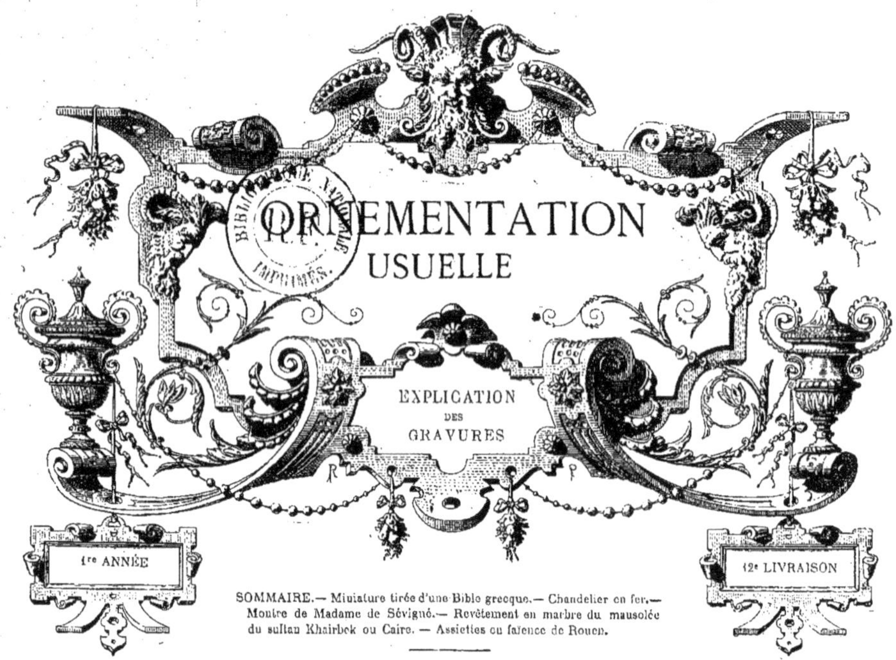

SOMMAIRE. — Miniature tirée d'une Bible grecque. — Chandelier en fer. — Montre de Madame de Sévigné. — Revêtement en marbre du mausolée du sultan Khairbek au Caire. — Assiettes en faïence de Rouen.

MINIATURE TIRÉE D'UNE BIBLE GRECQUE.

(Nos d'ordre 40 et 41)

Nous n'avons pas à faire ici l'histoire de l'art byzantin, à en rechercher l'origine, à démontrer ses rapports immédiats avec l'Inde et la Perse. Nous n'avons pas à prouver comment le profond Orient vainquit momentanément Rome, et s'imposa de nouveau, avec toutes ses fantaisies et ses richesses, aux dominateurs du monde. Pareil travail nous écarterait trop du modeste cadre de nos études. Il ne nous appartient pas d'indiquer la route que suivit, antérieurement aux croisades, ce nouvel art, pour pénétrer en France. D'autres ont raconté ce voyage et comment par le nord il réchauffa la barbarie de Charlemagne et de ses Francs, et comment par le sud ramené dans les nefs de Venise, il se révéla tout à coup à Limoges, au centre de l'Aquitaine, Limoges, première station des trafiquants en route vers l'Irlande, l'Écosse et la Bretagne.

Bornons-nous à l'ornementation, à l'arabesque. Si, dans l'architecture, la révolution que nous indiquions tout à l'heure se fit violemment sentir, dans l'ornementation, elle marqua son empreinte d'une manière encore plus absolue.

Notre miniature, tirée d'une Bible appartenant à la Bibliothèque du Louvre, en est une preuve éclatante.

Tout est persan, tout est indien, dans cette œuvre, depuis les fleurons des angles et du sommet, depuis les bizarres encoignures de la base, jusqu'aux enchevêtrements symétriques du centre. On sent comme un rayon du soleil asiatique dans ces feuillages si colorés. Ce n'est pas en voyant s'effeuiller des roses sur le bras blanc d'une jeune Grecque que l'artiste aurait trouvé le fond d'or de ses capricieux dessins, mais bien en regardant se soulever au souffle du *punkah*, un semis de fleurs, sur le sein bronzé d'une bayadère, antique esclave des dieux.

Féconde et vénérable mère du monde, jamais l'Européen ne s'est rapproché d'elle, sans faire jaillir de son sein comme une sorte de lumière, et tous les Albion n'ont même pu parvenir à étouffer jusqu'à ce jour les flammes de son foyer béni.

CHANDELIER EN FER.

(No d'ordre 67)

Le chandelier que représente notre gravure tient le milieu entre le flambeau proprement dit et le chandelier de service. Le flambeau, toujours destiné à être placé sur une table ou sur un meuble quelconque, était large par la base et fort élevé de tige; nous pouvons signaler comme spécimen du genre, sous Henri II, le chandelier d'Oiron, sous Louis XIII, les flambeaux à pans coupés si répandus en France, sous Louis XIV, les modèles exécutés d'après les dessins des grands artistes de l'époque et la plupart du temps ornés de figurines. — Le chandelier de service ou chandelier à platine (muni d'un grand plateau) servait d'ordinaire aux domestiques. La platine était destinée à garantir des éclaboussures de la cire les ajustements des belles dames, que précédaient pompeusement Marinette, Lisette ou Nicolle. On en rencontre des types accrochés au milieu des casserolles dans nombre de cuisines de vieux châteaux. Quelquefois le plateau augmenté d'un manche était démesurément grand. — Après venait le chandelier à crochet que l'on suspendait à une potence. Des crémaillères en formaient souvent le complément indispensable. Ils avaient leur place dans les antiques foyers de famille sous le manteau de la cheminée.

Le nôtre peut s'accrocher au besoin, peut se poser sur un meuble à l'occasion ; la forme en est des plus originales et sa parfaite commodité en fait un objet d'un usage on ne peut plus agréable et digne de figurer dans nos ameublements intérieurs.

MONTRE DE MADAME DE SÉVIGNÉ.

(N° d'ordre 56)

C'est du château des Rochers que nous est venue cette montre, ancienne relique de la bonne mais cruelle amie de Fouquet, de la rancuneuse cousine de Bussy, de la trop aimante mère de madame de Grignan. Combien de fois oublia-t-elle les heures tout en la regardant, lorsqu'elle errait dans l'allée *solitaire* au fond du *mail*, dans l'avenue de l'*infini*, délivrée de l'étiquette de la cour et de la pédanterie des sots, abritée dans l'ombre si calme de ces « pauvres Rochers » comme elle aimait à les nommer? Nul ne le sait. Mais cette compagne fidèle ne dut jamais laisser passer de sa mémoire l'instant où « l'ordinaire » lui apportait les lettres si désirées de l'ingrate « Reine de la Provence. » Pauvre « maman mignonne. » Il reste peu de souvenirs de la marquise dans cette patrie bretonne, qu'elle eut le malheur de ne pas assez comprendre : son lit, quelques fauteuils, un livre de comptes et des portraits de famille. La montre, avec la tradition de sa primitive maîtresse, a passé dans des mains qui en connaissent toute la valeur.

On sent que le choix d'une femme de goût a présidé à l'acquisition de cet objet. Les ornements du revers comme ceux du cadran sont d'un luxe plein de richesse. Tout est digne de servir de modèle à nos orfèvres, à nos ciseleurs, depuis les bordures à rameaux entrelacés jusqu'aux colombes qui s'embrassent amoureusement « sous le dais. » C'est dans ce but que nous avons obtenu la communication de ce délicieux bijou, pour le livrer à leurs judicieuses méditations.

REVÊTEMENT EN MARBRE DU MAUSOLÉE DU SULTAN KHAIRBEK AU CAIRE.

(N° d'ordre 34)

Il serait bien difficile de distinguer dans l'art arabe, la partie vraiment *arabe* de cet art. La main qui tenait le cimeterre pouvait forcer un Copte et un Grec à bâtir une mosquée à la Mecque, mais ne devait pas savoir dessiner elle-même le plan d'une coupole ou le tracé d'une fleur.

Où sont leurs monuments avant leur conquête? Ils n'en ont pas. L'imagination d'un soldat ne peut dépasser le poncif. Mais du mélange des nations soumises par le glaive du prophète naquit une sorte de race, que l'on devrait simplement appeler orientale, qui transporta partout ses traditions artistiques et par la fusion des éléments persans, hindous et autres, opéra dans l'Afrique et dans l'Espagne ce que les autres Lévantins firent, comme nous le disions tout à l'heure, dans les pays du nord, avec une seule différence : les types créés par eux subsistèrent indéfiniment. Nous en avons la preuve dans notre estampe, où nous trouvons un revêtement de marbre que l'on dirait presque du treizième siècle et qui fut construit au seizième en plein Caire, ce qui ne nuit du reste en rien à la beauté de cette œuvre. Un simple regard eté sur cette brillante mosaïque le démontre suffisamment.

ASSIETTES EN FAIENCE DE ROUEN.

(N° d'ordre 51)

Il y a quelques années la mode était à la faïence italienne. Nos musées, nos collections particulières, nos cabinets d'amateurs, regorgeaient de majoliques, se remplissaient d'aiguières et des plats d'Urbino, de Castel Durante, de Venise et de Monte-Lupo. On semblait ne pas se douter de l'existence de la faïence française. Tout à coup l'Hôtel de Cluny ouvrit une de ses salles à une collection d'un genre extrêmement nouveau. On s'étonna, on regarda, et l'on s'étonna bien plus encore. Rouen, Nevers, Strasbourg, Lille, Moustiers ! comment, ces chefs-d'œuvre, nous les avions chez nous et nous allions nous pâmer d'aise ailleurs. Et, par Gargamelle et Grand-Gousier, où donc aurait-on trouvé réunies tant de joie, de gaieté, de fantaisie gauloise que sur cette bonne terre de France. La collection de M. Levéel avait fait une révolution. Il suffit d'entrer à l'Exposition universelle, dans la partie française de la faïence, pour s'en convaincre.

Hélas, on s'est montré bien ingrat pour le patient chercheur qui nous avait révélés à nous-mêmes. Bien peu savent que c'est à lui que nous devons ce renouvellement d'un art qu'on croyait anéanti parmi nous. Nous aurons à revenir sur ce mouvement inauguré par M. Levéel et nous nous efforcerons de réparer l'oubli des nôtres, en publiant le plus souvent que faire se pourra, des spécimens de ces admirables produits de la grande céramique française.

H. du C.

Paris. — Typ. Rouge frères, Dunon et Fresné, rue du Four, 43

ORNEMENTATION USUELLE

S'adresser, 146, rue de Vaugirard, à Paris, pour tout ce qui regarde l'administration ; pour tout ce qui regarde la rédaction, à M. HENRI DU CLEUZIOU, à la même adresse; et pour les abonnements, à MM. DEVIENNE ET Ce, éditeurs, 18, rue Bonaparte, Paris.

CHRONIQUE
DE
L'EXPOSITION UNIVERSELLE

L'ANGLETERRE

Il est de toute évidence que le peuple français est le premier peuple de l'univers; c'est peut-être « peu civil pour les autres nations, » comme dit M. de Voltaire, mais c'est une vérité aussi incontestable que la piété de Clovis ou la science de Charlemagne: nous n'avons pas à y revenir. Pourtant, puisque l'occasion s'en présente, il nous a semblé fort utile, dans la branche de l'art qui nous occupe particulièrement, de faire, à l'usage de nos compatriotes, quelques comparaisons avec les peuples étrangers ; nous pourrons peut-être, malgré notre primauté, en retirer un petit profit. Sans autre introduction, commençons par la Grande-Bretagne. « A vous, messieurs les Anglais. »

Au dix-huitième siècle, on allait à Londres pour apprendre « à penser. » Il est vrai qu'au retour on se risquait aux grands coups de boutoirs du roi, mais, n'importe, on y retournait. De nos jours, l'Angleterre pourrait nous apprendre bien d'autres choses. Sans passer le détroit, voyons l'enseignement qui résulte d'une excursion dans son secteur parisien, pour employer la langue de messieurs de la Commission.

Et d'abord nous avons été très-étonnés de la pauvreté relative de la galerie de l'histoire du travail. Les nobles lords ne nous ont sans doute pas jugés dignes d'admirer les richesses de leurs collections. Il paraît que la courtoisie n'a pas encore osé se hasarder à faire voyage de Douvres à Calais ; tant pis pour nous, mais, de même aussi, tant pis pour eux !

A part un *torques*, presque semblable à celui du musée de Cluny, quelques broches en cloisonnés gaulois, des fibules très-originales, le si remarquable chandelier de Glocester, quelques pièces d'orfévrerie des Universités d'Oxford et de Glascow, deux ou trois masses de corporations, il n'y a rien de ce que nous étions en droit de nous attendre à rencontrer à l'Exposition rétrospective anglaise. Rien du siècle d'Élisabeth, rien du moyen âge, si curieux en Angleterre ; je me trompe, une vingtaine de coiffures colossales, casques de géants qui font rêver aux excentricités drôlatiques de Gustave Doré. Les coupes, les brocs, les plateaux, les bassins, les aiguières, les bouteilles, les fontaines sont de l'époque ou du style de Louis XIV ou de Louis XV. Ces cuivreries reluisantes, ces dorures pleines d'éclat, ces argenteries blanches sont lourdes, sans grâce, sans forme. A part un surtout du prince de Galles, père de Georges III, la vaisselle anglaise, qui remplit tout le musée, manque complétement d'une qualité qui semble vouloir ne pas quitter, non plus que la politesse, la grande terre en Europe, l'élégance.

L'Inde antique est représentée par quelques pierres et une collection de photographies. Les merveilles d'Agra, de Delhi, d'Ahmedabad et d'Orissa accommodées au collodion. C'était bien la peine de s'intituler : « Palme des guerriers qui parcourent la carrière de la valeur, » « Colonne de la monarchie universelle, » « Lion du combat toujours victorieux, » pour n'avoir, le jour où un sultan montre les kiosques délicieux de son sérail, où un vice-roi aligne ses avenues silencieuses de Sphinx, où un bey enchante les yeux par les féeries de ses palais, pour n'avoir à montrer aux nations réunies qu'une collection de photographies. Pauvre Inde ! pauvre dynastie, pauvre lumière du monde !

Quittons les ruines et traversons les beaux-arts. Si le temps est sombre, arrêtez-vous un instant, vous parviendrez peut-être à comprendre ce que peut être la peinture anglaise ; s'il fait du soleil, fuyez, les tons criards vous écorcheraient les yeux; le demi-jour brumeux est nécessaire à ces toiles pour en atténuer la crudité; ainsi vues, on y rencontre parfois des détails pleins de pittoresque. Traversons l'architecture et les arts libéraux ; mais, en passant, donnons tous nos éloges aux innombrables dessins industriels de l'école de South-Kensington. Jadis, à l'ombre des cathédrales, s'abritèrent les premières universités; maintenant, auprès des musées, devraient s'élever de même des sanctuaires d'étude. Au lieu d'empêcher au Louvre, à Cluny, et partout en France de dessiner, de peindre, de mesurer, d'apprendre enfin, on devrait ouvrir des salles aux travailleurs. La leçon britannique est bonne, qu'on en profite.

N'avez-vous crainte des heurts violents, des chutes inattendues; aimez-vous l'antithèse et la transition brusque, allez à l'Exposition anglaise. Nous étions dans les livres, nous venions de regarder l'architecture où la roideur, la sécheresse et la perpendicularité donnent aux imitations gothiques un caractère si particulier, si original. Nous voici dans le royaume d'Aoude, en plein Radjapoutana, chez le Nizam, au milieu du Penjab.

Que ces petits riens, dorés, peints, émaillés, fouillés, creusés, tournés, brodés sont ravissants de goût, de forme, de couleur et d'harmonie ; quelle fantaisie dans ces vases, ces coffrets, ces armures, ces boucliers, ces étoffes d'or, d'argent et de pourpre ; il y a des bijoux, des châles, des turbans, des écharpes, des pendants, des colliers, des ceintures à faire tourner la tête à une rosière.

Mais sous la peau du lion, on sent la chair du léopard d'outre-Manche ; à travers la mousseline blanche du Bengale, on voit l'uniforme rouge du soldat de la reine. L'Inde est britannisée. Les ciseleurs d'or de Benarès et de Luknow, au lieu de modeler la figure étrange de Ganessa la sagesse, forment des croix destinées à briller sur la gorge pâle des jeunes miss. On fait fabriquer au sculpteur de Golconde des nécessaires, des presse-papiers, des porte-montres, des porte-cartes, et les arbres de l'Himalaya deviennent des tables à rallonges, des buffets de salle à manger, des chaises à dossier, des fauteuils confortables ! Glorieux Dupleix, brave Bussy, Français-Indiens si peu connus, une larme à vos souvenirs, un regret à votre sublime rêve de colonisation fraternelle, et passons.

A Malte, rien n'est anglais, au contraire, mais tout est bien pauvre ; à part des sculptures en pierre d'une patience monastique, à part des corbeilles en filigrane qui feraient envie au frère du Taïcoun, aucun produit n'attire votre attention.

Au Canada, je n'ai rien à vous faire voir ; les pelleteries ne sont pas de mon ressort.

Quittons les comptoirs, sans oublier pourtant la paire de vases en ivoire « dont il était si fort question à Honam » et rentrons, si vous le voulez bien, dans la vraie terre d'Albion.

Ce par quoi brillera particulièrement l'Angleterre à l'Exposition universelle de 1867, c'est par le meuble. Depuis 1855, les fabricants anglais ont fait d'incroyables progrès. Il y a au Champ de Mars, en ce genre, des choses remarquables.

Dans le gothique, la raideur que nous indiquions tout à l'heure quand elle est réduite à des proportions moindres, devient non-seulement supportable, mais même assez attrayante. MM. Holland et Sons, Heaton Butler et Bayne ont envoyé des dressoirs en style moyen âge pleins de cachet, d'originalité et même d'une recherche de dessin et de couleur que nous aimerions à voir pratiquer un peu plus souvent par nos ébénistes français. M. Gilow expose un meuble renaissance en ébène d'une ampleur et d'une correction tout à fait magistrale. Enfin M. James Lamb (de Manchester), quittant les sentiers battus, ouvre à la fantaisie une voie nouvelle ; son essai néo-grec attire les yeux de tous les connaisseurs.

Que vous dire après cela des incrustations Louis XVI, des armoires à glace en bois de différentes couleurs, des toilettes blanches émaillées de faïences à fond bleu tendre, des bibliothèques, rehaussées de dessins blancs, que tout cela est un tant soit peu manqué, que le Louis XVI ne supporte pas le mélange du Louis XIII, et qu'à des frontons rompus, il ne faut pas des dessins mignons et simplement coquets.

Dans l'orfévrerie de même, la puérilité règne en maîtresse. La plus grande pièce d'argent de la galerie anglaise est un cygne en métal qui nage dans de l'eau de métal avec des petits poissons. L'oiseau tourne la tête, remue les ailes, etc., etc. !

Dans la céramique, les faïences de Minton arrivent à des colorations magnifiques. Pourquoi ces émaux si vigoureux servent-ils à décorer des reproductions banales d'eaux fortes de Salvator Rosa. L'Angleterre, comme création, en serait-elle déjà réduite à des contrefaçons. Wedgwood suit les traditions de famille, mais ne progresse pas. Ses produits ont pour eux ce qu'ils avaient déjà, la finesse; mais ils conservent contre eux ce qu'ils avaient aussi, le convenu dans la couleur et le dessin. Le ton uniforme est malheureux dans l'émail.

A l'exhibition des cristalleries, nous n'avons rien remarqué que quelques lustres en imitation de Murano, très-réussis, et quantité de vases complétement disgracieux par leur composition, ou plutôt par leur décomposition. Le même cornet se tourne dans les mêmes ornements. La même bouteille offre ses flancs à des dessins de tous les styles. La même coupe change de pied, le tout avec une régularité extraordinairement fatigante. Un peu plus d'imagination ne ferait vraiment pas tort aux confrères de M. Dobson.

Nous ne nous arrêterons pas ailleurs : les tapisseries, *le libre échange*, — *la paix*, — sont risibles. Les machines ne sont pas de notre compétence, ici, nous admirons. Les yeux fermés, les sirènes blondes du cercle de l'alimentation ne nous regardent aucunement, les canons Armstrong, nous n'avons garde de les contempler, et près des églises, enfin nous passons franc, en emportant nos brochures, faisant simplement la réflexion qu'ici on vous invite à entrer, à écouter, à lire, à regarder avec une charité tout évangélique et que, en face, auprès du grand lac et du phare, on vous demande 50 centimes, comme à Notre-Dame, pour pénétrer dans le sanctuaire.

HENRI DU CLEUZIOU.

LE MUSÉE GALLO-ROMAIN A SAINT-GERMAIN

Dimanche, 12 mai, on a inauguré le Musée nouveau de Saint-Germain en Laye. L'ouverture au public des portes de ce vieil édifice nous a procuré à l'âme comme une sorte de soulagement, que nous avons cru voir sur la physionomie des personnes qui assistaient à cette inauguration, se dessiner aussi comme un sentiment analogue. On ne voit jamais sans regrets, sous des voûtes réservées pour des fêtes, près des piliers destinés à orner un sanctuaire, s'élever le cabanon des prisonniers, et l'on se souviendra longtemps de la date à laquelle on a ouvert les grilles du Mont Saint-Michel, et de la date à laquelle on ordonna la transformation de l'ancien pénitencier militaire du département de Seine-et-Oise.

C'est par les soins éclairés de M. Millet que la transformation de l'ancien château a été opérée. Les pavillons d'angle, contruits par Louis XIV, vers 1680, disparaissent du côté des jardins pour faire place à des constructions plus en rapport avec l'ancien palais de François Ier. Au milieu des salamandres et des F couronnés, l'architecte a introduit un nouvel élément de décoration qui n'a qu'un tort, c'est d'être peut-être un peu moderne ; mais l'effet général de la partie de l'édifice restaurée est très-satisfaisant.

A l'intérieur, dans les salles basses du rez-de-chaussée, on a placé les moulages des bas-reliefs de l'arc-de-triomphe de Constantin et des modèles des principales machines de guerre en usage chez les Romains : balistes, catapultes, béliers, onagres, etc., etc. Un charmant escalier, en style de la Renaissance, conduit aux salles de l'étage supérieur.

La première est consacrée aux collections antédiluviennes. Les incomparables richesses de M. Boucher de Perthes et de M. Lartet remplissent cette partie du Musée. De grandes coupes géologiques décorent les murs. Le coup d'œil d'ensemble de cette première salle de « l'âge des silex taillés » est on ne peut plus agréable.

La seconde, celle de l'âge de la pierre polie, est peut-être encore plus intéressante. C'est M. Maitre auquel on doit la reconstitution, à une petite échelle, de tous les monuments qui la décorent. Rien n'est plus curieux que l'étude comparée de tous ces tumuli, de tous ces dolmens. Les moulages de pièces uniques, récoltées dans les différents Musées de l'Europe, moulages exécutés avec un soin vraiment religieux, décorent le reste de la salle.

La grande butte de Gavrinis occupe la troisième salle. Ici, l'on s'arrête étonné devant les mystérieux cercles, les grandes branches à feuilles opposées, les celtæ, les serpents qui décorent les pierres de la tombelle du pays des Vénètes; qui nous expliquera toutes ces choses? Au moins, pour les étudier, ne sera-t-on plus obligé d'aller au fond de la Bretagne, et peut-être rencontrera-t-on dans les vastes intelligences qui se pressent au sein de la grande ville quelqu'un qui, par des comparaisons inconnues, initiera la science aux symboles inexpliqués de l'île des Bardes.

La quatrième salle est consacrée aux médailles, à la numismatique et à l'épigraphie gauloise.

La cinquième, qui doit contenir des antiquités mérovingiennes, n'est pas encore terminée.

Si l'homme de la science se félicite à bon droit de cette ouverture du Musée de Saint-Germain, le simple curieux peut, grâce au classement intelligent qui a présidé à son organisation, s'initier, lui aussi, assez facilement dans les usages et les habitudes de ceux qui furent nos ancêtres oubliés.

Au palais du Champ-de-Mars l'âge de pierre, dans la Suisse, dans le Danemark, la Suède, la Norwége et dans la France enfin, occupe une place trop considérable pour qu'il n'attire pas les yeux même du plus indifférent. Mais à l'Exposition universelle, les explications manquent. (Le Catalogue du Musée rétrospectif sera probablement terminé vers la fin de l'Exposition.) Ceux qui seront désireux de les avoir, n'auront qu'à se rendre à l'ancienne résidence de nos rois, ils ne peuvent en sortir que complétement satisfaits, que parfaitement renseignés. Quand donc tous les Musées ne seront-ils plus une langue morte pour les foules?

R. PFNOR.

ESSAI
SUR
L'HISTOIRE DE LA POTERIE FRANÇAISE

II

Les symboles de l'immortalité : le scarabée; le phénix ; le crocodile noir. — Déformation de la fleur de lotus. — Celtes et Franks.

(SUITE)

Fig. 25. (trois-quarts d'exécution).
Dallage assyrien. — Musée du Louvre.

La plante s'élève droite vers le ciel, accompagnée de feuilles parallèles qui, gracieuses, se penchent vers le sol. Au lotus épanoui, qui dresse sa tige médiale, s'attachent des boutons, jeune espoir qui, plus faibles, descendent à ses côtés. Dans le profil lui-même de la fleur sacrée, trois grandes divisions se dessinent : une centrale, toute droite, et deux autres latérales, recourbées.

Les formules hiératiques affectionnèrent toujours le nombre TROIS. Le ternaire oriental suivit la coupe dans les migrations des peuples, et pour ne parler que de la contrée qui nous intéresse spécialement, la triade était particulièrement gauloise. On se souvient de la première. « Il y a trois unités primitives, et de chacune il ne saurait y en avoir qu'une seule, un Dieu, une vérité et un point de liberté. »

Fig. 26 (demi-grandeur d'exécution).
Antéfixe des Propylées à Athènes.

Le lotus avec ses trois divisions, la fleur avec ses deux boutons, la tige et ses deux feuilles, c'était la triade ; on comprend pourquoi il resta plus que jamais la fleur sacrée entre toutes les fleurs, et sa présence en Gaule n'a désormais nul lieu de nous surprendre (1) (fig. 27).

Dans nos pays, outre la forme traditionnelle des vases, on conserva donc encore l'ornementation qui en était logiquement issue (1).

(1) Bien longtemps après l'Ecuyer Baron voyait encore dans la fleur de lis, qui n'est que le lotus dégénéré, le symbole de la sainte Trinité. (P. 88, *Art du Blason*.

(1) Si je ne craignais de sortir à tout moment de mon sujet, je pourrais donner ici des exemples plus complets de lotus gaulois trouvé dans les sépultures armoricaines ; la configuration pointue de ses feuilles empêche de le confondre avec le trèfle, autre plante sacrée que nous retrouverons dans les cathédrales, et que fait aussi bouillir la fée blanche dans la grande chaudière de la légende.

L'Ornementation, dans la Poterie surtout, tient une place énorme ; il faut toujours l'analyser avec un très-grand soin, et ne pas voir des croix miraculeuses dans la réunion de quatre carrés ou de quatre triangles, ni des chrétiennes livrées aux bêtes dans les chasses des amazones,

Mais pendant que les potiers des Gaules, assis le long de la côte, l'œil tourné vers la ligne bleue de l'horizon, ces peuples marcheurs ne s'étaient arrêtés que là où finissait la terre, pen-

Fig. 27. Vase gaulois en bronze émaillé, d'après M. J. Labarte. (Histoire des Arts industriels.)

dant que le potier des Gaules formait sur les urnes les lotus sacrés, chantant ces poésies étranges, où leurs fils retrouvent comme un parfum caché de la patrie orientale, se dressait, au haut de la montagne, le barbare au poil hérissé, le Frank. Celui-ci non plus n'avait pas oublié le grand symbole; il le gardait religieuse-

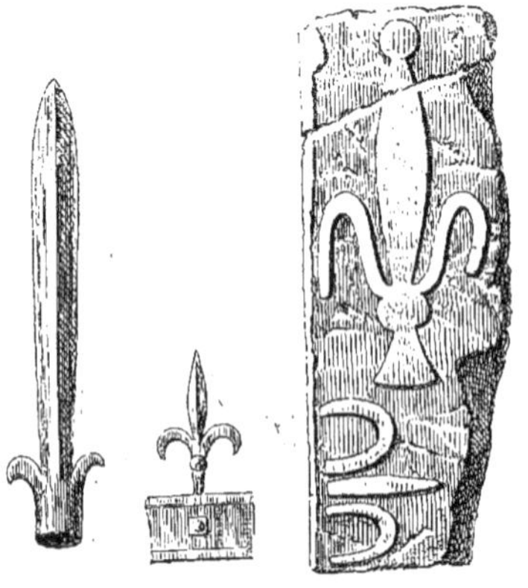

Fig. 28. Fig. 29. Fig. 30.

Fig. 28. Lance franke trouvée à Londinières. — L'abbé Cochet.
Fig. 29. Couronne de Hunold. — Musée des Souverains.
Fig. 30. Tombeau de Kermaria an Draon.

ment, mais non sur les étoffes aux brillantes couleurs, non sur les boucliers peints, non sur les vases fragiles; au sommet des piques, je ne dis pas (fig. 28, 29, 30).

La fleur de la régénération, de la renaissance était devenue le fer de la lance, l'instrument de la mort, ce que l'on appela plus tard, je ne sais pourquoi, la *fleur de lis.*

Fig. 31. Vase gallo-romain. — Brongniart. — Arts céramiques. (Hauteur, 27 cent.)

C'est qu'il y a toujours de par le monde deux races éternellement ennemies : la race qui pense, réfléchit et raisonne ; la race qui frappe, pourfend et tue. Abel et Caïn. L'homme qui vit avec

Fig. 32. Fig. 33.

Fig. 32. Vase germain. — Brongniart. — Arts céramiques. — (Hauteur, 18 cent.)
Fig. 33. Vase gaulois trouvé près de Lyon. *Id.* (Hauteur, 20 cent.)

la nature et cherche à la comprendre, l'homme qui trouve le fer et en fabrique des armes. La race qui de la fleur fait le symbole de la vie, la race qui de la même fleur fait la chose qui donne la mort.

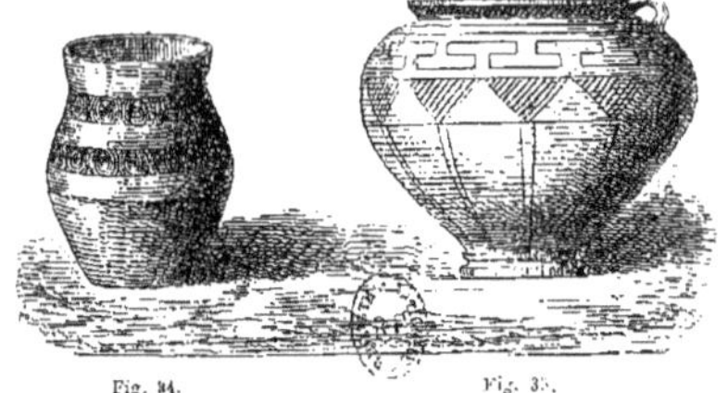

Fig. 34. Fig. 35.

Fig. 34. Vase trouvé à Londinières. — L'abbé Cochet.
Fig. 35. Vase germain. — Brongniart. — Arts céramiques.

Il ne nous appartient pas de développer ici cette idée, qui nous éloignerait de l'objet de cette étude. Si nous l'avons indiquée, c'est qu'elle était nécessaire pour expliquer l'arrêt subit qu'éprouva l'art de terre à l'époque de l'apparition des Franks.

Déjà la fantaisie prenait son essor (fig. 31, 32, 33, 35), les formes des vases devenaient originales, le contact avec les Romains, avec les peuples d'Étrurie, avait comme réchauffé les souvenirs anciens; le goût s'épurait, l'élégance allait pénétrer avec lui. Tout à coup le Mérovingien lève sa francisque, brise le vase de Soissons et tout est dit.

Ceux qui de sang-froid massacraient leurs parents pour voler leur héritage, ceux qui tuaient à coups de couteau leurs neveux,

Fig. 36 et 37. Vases franks de Londinières. — L'abbé Cochet. (Normandie souterraine.)

qui étouffaient leurs filles sous des couvercles de coffre, ou brûlaient leurs fils dans des chaumières, ceux-là s'occupaient peu de ce que pouvait être le goût, l'élégance et l'art.

Nous retombons avec les vases franks dans les formes primitives, dans le cours de leurs expéditions guerrières, sous le rapport de la céramique et sous bien d'autres encore, ils étaient restés stationnaires (fig. 34, 36, 37).

Sous toutes les latitudes, les aristocraties ont des habitudes semblables, d'affirmer ce qu'ils appellent leurs principes.

La reculade de 496 eut des conséquences inouïes : les chercheurs furent forcés au silence et se refugièrent dans les vallées; les hauts lieux furent envahis par les nouveaux venus.

Le règne de l'armure commença.

HENRI DU CLEUZIOU.

(La suite prochainement.)

DE L'AMEUBLEMENT

ET DE

LA DÉCORATION INTÉRIEURE DE NOS APPARTEMENTS

(Suite)

Ce siége a bonne mine, ses formes sont arrondies et semblent vous inviter au repos. Cependant pourquoi le dessus est-il convexe quand il devrait être concave, ou au moins plan? Pourquoi enfin ce ballonnement des siéges? Cela est peut-être plus gracieux à l'œil, mais, dans tous les cas, ce n'est pas entendu pour la construction humaine, et voilà déjà une des causes qui produisent ce malaise général. — Le jarret étant plus bas que la base des reins, il s'ensuit que tout le poids du corps retombe aux jointures des genoux, et un mouvement naturel vous porte continuellement à relever tour à tour une jambe sur l'autre. Ce mouvement instinctif reporte une partie du poids vers la partie où il devrait porter entièrement, c'est-à-dire sur la verticale de l'épine dorsale. — Avec nos siéges, les genoux sont plus bas que le tronc, et c'est le contraire qu'il faudrait pour être commodément assis. Aussi je m'explique pourquoi les Orientaux, qui passent une partie de leur vie au repos contemplatif, se croisent les jambes. Les genoux, dans cette position, sont naturellement plus élevés que le centre de gravité, et, de cette manière, ils se reposent véritablement et peuvent rester longtemps dans cette position; tandis qu'avec la construction actuelle de nos siéges, dix minutes suffisent pour les transformer en un instrument de véritable torture.

Il y aurait à étudier sérieusement la forme de ces meubles, et il me semble encore qu'il ressortirait de cette étude des formes qui pourraient être fort gracieuses, et d'autant plus commodes qu'elles seraient pour ainsi dire moulées sur le corps humain.

Deux mots maintenant sur la cheminée. Voilà donc ce qu'est devenu de nos jours le foyer de famille, qu'un seul monsieur relevant ses pans d'habit couvre et cache tout entier... Démolissez donc cela, puisque cela ne peut plus servir qu'à une seule personne.

— Mais, me dit-on à l'oreille, nos pièces sont si petites! Est-il donc possible de faire autre chose?

— Oui, mettez au milieu de votre salon un foyer de gaz qui échauffe et éclaire tout un cercle d'invités, cela vous fera gagner l'emplacement de la cheminée, qui n'est bonne à rien.

— Mais, monsieur, me dira-t-on encore, la cheminée sert d'ornement et donne la place naturelle de la pendule et des candélabres; et, d'ailleurs, si vous occupez le milieu de la pièce par ce nouvel appareil de chauffage, comment danserons-nous? Et n'allez pas nous parler du calorifère, dont la chaleur dessèche nos poitrines quand elle n'humecte pas nos corps. D'ailleurs, nous aimons la gaieté de la flamme, ne nous privez donc pas de la cheminée.

Je m'incline, mesdames, mais soyez persuadées qu'il y a quelque chose à faire, à trouver; que nos architectes cherchent! Voyons, par exemple, dans ce salon, je vois une cheminée qui occupe un emplacement d'environ 1 mètre 30 centimètres, un fauteuil est de chaque côté, puis un meuble Boule à droite, un meuble Boule à gauche. Sur ces meubles, quelques bronzes, quelques objets de curiosité. Tout cela occupe un emplacement d'environ 4 mètres. Prenons une longueur de 2 mètres 50 centimètres, et, sur cette étendue dont on peut facilement disposer, même dans nos petites pièces d'aujourd'hui, voyons si nous pouvons établir une cheminée qui, au lieu de s'agrandir en hauteur, s'étende dans la largeur, et offre un foyer aussi généreux que gai. Ne parviendrons-nous pas à trouver des contours harmonieux, une nouveauté d'arrangement qui nous sortiront enfin des deux éternelles consoles qui supportent cette tablette de marbre qui supporte à son tour cette chose stéréotypée de toute éternité, la pendule de tout le monde! Le gaz est aujourd'hui à notre disposition, profitons-en. Pourquoi l'intérieur de notre cheminée sur la longueur nouvelle que je propose ne serait-il pas fermé par une série de petits volets en fonte de fer, glissant sur rails, et agrandissant à volonté l'ouverture, suivant le nombre de personnes que nous voudrions réunir à notre foyer? Pourquoi ne pas disposer sur cette longueur une série de becs profilés avec art, et dont on allumerait tout ou une partie, suivant nos besoins, en agrandissant, en rétrécissant à volonté les volets, qui feraient partie décorative? Ne pourrait-on pas alors disposer la tablette de marbre en un ou deux étages, et motiver ainsi l'emplacement de quelques objets d'art, qui, il y a un instant, étaient placés sur les deux meubles Boule que nous supprimons dans l'intérêt de notre bien-être? Je voudrais encore que ce qu'on appelle le garde-feu, le garde-cendres, ne fût plus un vain ornement, et qu'il remplît consciencieusement son rôle utile, tout en restant agréable à l'œil. Pourquoi ce garde-feu est-il percé à jour de tous côtés? C'est, me dites-vous, pour votre arrangement de médaillons, de guirlandes, de rinceaux que vous voulez faire gracieux? Mais alors il ne me garantit pas de l'avalanche de cendres qui m'inonde en passant à travers les mille ouvertures que vous y avez pratiquées. Si vous ne pouvez trouver autre chose, soudez au moins derrière votre ornement une bande de métal qui fasse que cet ornement décoratif soit véritablement un garde-cendres. Pourquoi encore terminez-vous votre ornementation par de petites pointes, par de petites feuilles d'acanthe qui couronnent le tout? — N'oubliez donc pas que quand j'ai froid aux pieds, je cherche naturellement un point d'appui sur cet ornement, que je n'en trouve aucun, et que pour peu que j'appuie, tout s'écroule. Cherchez un croissant, un fer à cheval renversé, une forme quelconque qui puisse supporter au moins la pression du pied endolori par le froid.

Permettez-moi, avant de quitter ce salon, une dernière remarque qui a bien aussi son importance.

L'exiguité de nos pièces a amené à sa suite un autre inconvénient plus grave que ceux que je viens de signaler, je veux parler des vapeurs qui se condensent les jours de grandes réunions, et produisent cette buée qui coule des fenêtres et de toutes les parties murales. L'on fait quelquefois retirer les invités dans une pièce voisine pour ouvrir les fenêtres et renouveler l'air; de là des robes gâtées et tous les autres inconvénients d'un bain de vapeur en costume de bal, et très-souvent aussi des fluxions de poitrine.

Comment se décide-t-on à subir un mal pareil sans même songer à y chercher un remède? Cependant l'architecte peut devenir ici un véritable médecin hygiéniste, tout en se créant du même coup de charmants motifs de décoration. Qu'il pose une boiserie à quatre ou cinq centimètres du mur, que derrière cette boiserie il établisse une ventilation, et le mal est en fuite, et l'on n'entendra plus murmurer tristement :

Elle aimait trop le bal : c'est ce qui l'a tuée!...

Je n'ai pas besoin de dire que des crampons ou des soutiens en fer donneraient à cette boiserie détachée des parois murales toute la solidité désirable. Sa partie supérieure pourrait se rattacher d'espace en espace à la corniche par des guirlandes ou par mille autres moyens décoratifs. Vous comprenez facilement qu'à l'aide de cheminées d'appel établies derrière cet avant-corps, les vapeurs, qui tendent toujours à monter, se dissiperaient par l'interstice à mesure qu'elles se formeraient. Et l'air serait sans cesse renouvelé sans jamais être agité; il conserverait une température constante, un état hygrométrique toujours égal; il resterait de plus toujours salubre et agréable. L'art et l'hygiène trouveraient donc dans cette combinaison si simple une égale satisfaction.

Cette boiserie, moins les cheminées d'appel inutiles dans cette nouvelle application, pourrait encore être établie dans de petits boudoirs spécialement destinés au repos. On ménagerait des ouvertures dans les panneaux; on placerait des glaces dépolies dans ces ouvertures, et derrière ces glaces des corps de lampes. Le boudoir serait ainsi éclairé par une lumière adoucie, sans flamme et sans chaleur, et comme tamisée à travers des nuages transparents. Je me trompe fort, ou un appareil réduit aurait la tranquillité et pourrait avoir la beauté et le charme des corolles translucides et embaumées où sommeillent et songent les sylphes des nuits d'été, dans le féerique royaume d'Obéron et de Titania.

Il est une autre pièce où nous passons la moitié de notre vie. Il n'est donc pas sans intérêt de nous y arrêter quelques instants. Je parle de la chambre à coucher. C'est trop souvent, vous le savez, le laboratoire où se distillent dans des alambics de toute forme, sinon des poisons bien actifs, d'où s'échappent du moins des émanations qui ne sont pas sans une fâcheuse influence sur la santé. Que voyons-nous, en effet, dans presque toutes nos chambres à coucher? Je ne veux pas pousser à l'extrême, et vous signaler celles d'entre elles qui sont capitonnées du haut en bas. Mais qui de vous ignore que c'est dans cette pièce que sont réservées les plus grandes masses d'étoffes de laine, de coton ou de soie?

E. Guichard.

(La suite prochainement.)

BULLETIN

Le Conseil supérieur du jury international, dans sa séance du 10 mai, a décidé que le nombre des récompenses primitivement fixé, en dehors des grands prix, à cent médailles d'or, mille médailles d'argent, trois mille médailles de bronze et cinq mille mentions honorables, serait élevé à

Neuf cents médailles d'or,
Trois mille médailles d'argent,
Quatre mille médailles de bronze.
Et cinq mille mentions honorables.

Il n'y aura pas de rappel des récompenses antérieures.

* * *

La médaille d'honneur de l'Exposition du Champ de Mars vient d'être donnée à M. Carrier-Beleuse. Il avait exposé, cette année, deux grands marbres, — *la Femme entre deux amours*, — *la Vierge présentant le Messie au monde*. M. Carrier-Beleuse s'est surtout fait connaître par de très-belles compositions d'art industriel. Nous sommes heureux de constater la tendance qui a cru devoir couronner en lui l'homme qui ne croyait pas déroger, mais bien au contraire s'ennoblir en livrant à l'industrie l'appoint de son talent, le travail de ses veilles.

Les sculpteurs, bonne leçon à donner aux peintres de l'année dernière, ont voté pour M. Carrier-Beleuse à l'unanimité. La peinture n'a pas obtenu de médaille d'honneur.

R. P.

R. PFNOR, *Propriétaire-Directeur*.

Paris. — Typ. de Rouge frères, Dunon et Fresné, rue du Four-St-Germain, 43

AUX LECTEURS

Nous voici parvenus à la dernière livraison de la première année de notre journal **L'ORNEMENTATION USUELLE**. Dans le courant de cette première année diverses modifications successives ont été introduites dans cette publication; notre seule ambition, celle de faire mieux, en a tout d'abord été la cause première. Nous ne promettions en principe qu'une table explicative : nous avons donné des explications mensuelles. Au mois de janvier une feuille supplémentaire est encore venue s'adjoindre à ce premier texte ; rien n'a été négligé pour qu'elle parvînt à remplir le but que nous poursuivons sans cesse, la réforme du goût moderne, par la comparaison des chefs-d'œuvre d'autrefois. Nous nous plaisons à signaler que l'utilité essentiellement pratique de notre œuvre a été constatée non-seulement par le témoignage de personnes considérables, au jugement desquelles on est toujours heureux de se rapporter, mais encore par beaucoup de chefs d'atelier, par un grand nombre d'ouvriers intelligents, préoccupés véritablement de faire progresser leur art. Nous avons surtout été particulièrement sensibles à l'approbation de ces derniers. Ce n'est pas à l'homme qui regarde que nous nous adressons seulement, c'est surtout à l'homme qui crée, qui produit, qui lutte corps à corps avec la matière.

Notre journal ne doit pas viser à être un journal d'amateur, il prétend avant tout être un journal de travailleur. Nous ferons tous nos efforts pour ne jamais nous éloigner de ce but.

Une importante transformation du provisoire de notre supplément inaugurera notre seconde année; nous en entretiendrons le lecteur dans notre prochaine livraison.

Espérons que les sympathies de ceux qui encouragent notre essai ne nous abandonneront pas dans cette nouvelle voie plus large, et par conséquent plus difficile; nous nous efforcerons de nous en rendre toujours dignes.

1866-1867 — 1re ANNÉE

FIN DE LA TABLE DES MATIÈRES.

CLASSIFICATION

DES PLANCHES

BIJOUTERIE ET ORFÉVRERIE

Planches.		Siècles.	Livraisons.
36	Calices de Varsovie	XVe	5e
48	Coffret.	XIVe	9e
52	Plateau de burettes	XVIe	10e
53	Burette.	XVIe	11e
56	Montre ciselée et émaillée. . .	XVIIe	12e

BRONZES

Planches.		Siècles.	Livraisons.
7	Chenet Renaissance italienne.	XVIe	6e
35	Vierge de Benvenuto Cellini.	XVIe	7e
69	Marteau de porte	XVIe	8e
49	Candélabre gréco-romain. . .	Avant J. C.	9e
71	Chenet Louis XIII.	XVIIe	10e
57	Marteau de porte	XIXe	9e

CRISTAUX ET VERRERIE

Planches.		Siècles.	Livraisons.
23	Sucrier en verre de Bohême. .	XVIIe—XVIIIe	2e
27	Lustre de Murano.	XVIe	2e
24	Flacon en verre de Bohême. .	XVIIe—XVIIIe	3e

CUIRS

Planches.		Siècles.	Livraisons.
26	Dossier de chaise en cuir gravé et ciselé.	XVIIe	5e
55	Siége en cuir gravé et ciselé. .	XVIIe	8e

ÉMAUX ET CÉRAMIQUE

Planches.		Siècles.	Livraisons.
11-12	Carrelage en faïence émaillée.	XIIIe	1e-4e
8	Portrait de Raphaël.	XVe	2e
32-33-39	Châsse de sainte Fausta	XIIe	4e
45-46	Assiette en faïence . . . . , .	XVIe	5e
43-44	Vase en bronze émaillé	Antique	7e
51	Assiettes en faïence de Rouen.	XVIIe	12e

ÉTOFFES, TAPISSERIES ET BRODERIES

Planches.		Siècles.	Livraisons.
6	Tapiss. d'un fauteuil Louis XIV.	XVIIe	1e
18-19	Broderie vénitienne.	XVe—XVI	2e
30-31	Etoffe de tenture	XIXe	3e
46	Tapiss. d'un fauteuil Louis XVI.	XVIIIe	7e
68	Lambrequins Louis XIII . . .	XVIIe	8e
15-16	Tenture de lit Louis XIV. . .	XVIIe	9e

FERRONNERIE ET SERRURERIE

Planches.		Siècles.	Livraisons.
5	Imposte en fer forgé.	XVIIe	1e
1	Marteau de porte	XVIe	1e
38	Flèches de mâts vénitiens. . .	XVIe	6e
50	Entrée de serrure et penture .	XVIIe	8e
54	Grilles vénitiennes	XVe—XVIe	11e
57	Marteau de porte.	XVIIIe	11e
67	Chandelier	XVe	12e

MEUBLES

Planches.		Siècles.	Livraisons.
6	Fauteuil Louis XIV	XVIIe	1e
21	Chaise Louis XIII.	XVIIe	3e
37	Meubles tyroliens.	XVIIe	5e
46	Fauteuil Louis XVI	XVIIIe	7e
25	Dossier du lit de Louis XIV. .	XVIIe	10e

MINIATURE

Planches.		Siècles.	Livraisons.
40—41	Miniature d'un manuscrit grec.	Xe	12e

MOSAIQUE

Planches.		Siècles.	Livraisons.
34	Mosaïque du Caire	XVIe	11e

PEINTURE DÉCORATIVE

Planches.		Siècles.	Livraisons.
58-59	Panneau grisaille. N. 1, l'Eau.	XVIIIe	6e
60-61	— — N. 2, le Feu.	XVIIIe	10e
62-63	— — N. 3, l'Air .	XVIIIe	11e
64-65	Panneau grisaille. N. 4, la Terre	XVIIIe	8e
29	Peinture murale de Saint-François-d'Assise.	XIIIe	7e

SCULPTURE

Planches.		Siècles.	Livraisons.
17	Cadre Louis XVI	XVIIIe	3e
22	Tête de Jean Goujon	XVIe	4e
3	Cadre de miroir.	XVIIe	6e
35	Vierge de Benvenuto Cellini.	XVIe	7e
70	Panneaux Louis XII . . . , .	XVIe	9e
20	Panneau de porte d'Anet . . .	XVIe	10e
72	Vantail d'un meuble de J. Goujon	XVIe	11e

SCULPTURE MONUMENTALE

Planches.		Siècles.	Livraisons.
9	Vase décoratif.	XVIIe	1e
14	Frise en pierre	XIIIe	2e
4	Fleurons de la Sainte-Chapelle.	XIIIe	3e
10	Moulure ornée.	XVIe	4e
2	Détail de la cheminée de Villeroy	XVIe	5e
47	Chapiteau de la porte Rouge. .	XIIIe	6e

PARIS. — TYPOGRAPHIE DE ROUGE FRÈRES, DUNON ET FRESNÉ, RUE DU FOUR-SAINT-GERMAIN, 43

(Aux trois quarts de l'exécution)

MARTEAU DE PORTE

Fer ciselé

MUSÉE DE CLUNY

Poupart-Davyl et Comp^ie, rue du Bac, 30.

ORNEMENTATION USUELLE

PREMIÈRE ANNÉE | XVIe SIÈCLE | ÉPOQUE DE HENRI II

DÉTAIL DE LA CHEMINÉE DU CHATEAU
DE VILLEROY

MUSÉE DU LOUVRE

N° 2.

Poupart-Davyl et Comp., rue du Bac, 30.

ORNEMENTATION USUELLE

(Au quart de l'exécution)

CADRE DE MIROIR

Bois sculpté et doré

COLLECTION DE M. RÉCAPPÉ

(Au cinquième de l'exécution)

FLEURONS DE LA SAINTE-CHAPELLE

ORNEMENTATION USUELLE.

XVIIe SIÈCLE

SERRURERIE D'ART.

IMPOSTE

Lyon — Rue Grenette

Imp. Migeon, 19, r. des Plantes, Paris

FAUTEUIL

Mobilier de la Couronne

Imp. Migeon, 19, r. des Plantes, Paris

au 5e de l'exécution

CHENET

Bronze Florentin.

COLLECTION DE Mr RÉCAPPÉ

N° 7

Imp. Migeon 19 r. des Plantes, Paris

XVe SIÈCLE

au Quai de l'[illegible]ution

PORTRAIT DE RAPHAËL

Bas Relief en Fayence émaillée

PAR LUCA DELLA ROBBIA

Collection Récappé

Imp. C. Chardon

(A 0,20 pour mètre)

VASE DÉCORATIF

Pierre sculptée

(Demi-grandeur d'exécution)

MOULURE ORNÉE

Stuc blanc, feuilles, oves et perles dorées

PALAIS DE FONTAINEBLEAU

ORNEMENTATION USUELLE

XIIIe SIÈCLE.

PREMIÈRE ANNÉE

STYLE PERSAN.

Aux 4/5mes de l'exécution

Lenfant l.

CARRELAGE

en fayence émaillée

Collection de Mr JEAN

Peintre-Céramiste

Ass^{on} Ouv^{re} Lith. Guillaume et Cie 149, Quai Valmy, Paris

N°s 11 et

au 5me de l'exécution

CARRELAGE
en figure émaillée
ENSEMBLE

Imp. Megon, 19, r. des Plantes, Paris

GRANDEUR D'EXÉCUTION

FRISE EN PIERRE SCULPTÉE

PISCINE

De la Sainte-Chapelle du Palais

A PARIS

Typ. Rouge frères, Dunon et Fresné.

TENTURE DE LIT

Broderie soutachée sur damas de soie.

Ass.^on d'ouv.^s lith. Guillaumin et Cie 149, Quai Valmy, Paris.

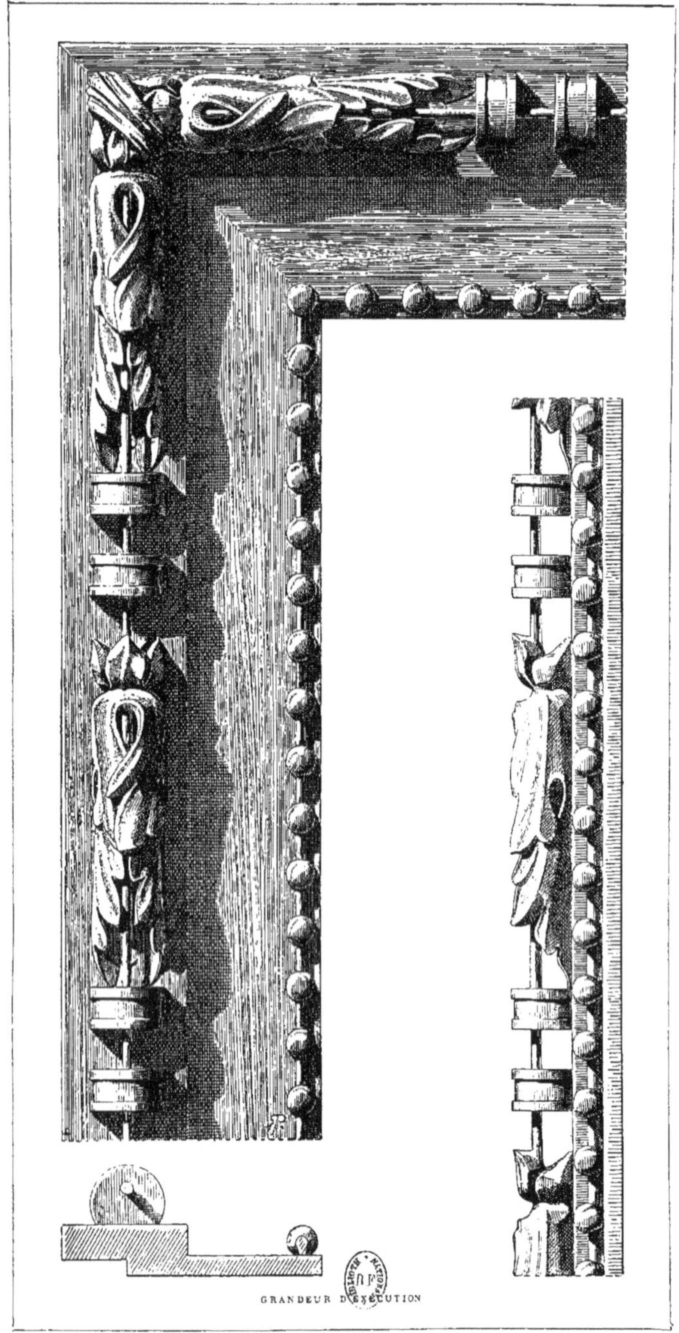

CADRE

Sculpté en bois de Peuplier. — Ornements dorés sur fond blanc

No 17.

Typ. Rouge frères, Dunon et Fresné.

BRODERIE VÉNITIENNE

Soie sur Canevas de Soie.

PANNEAU SCULPTÉ

d'une porte intérieure de la Chapelle du Château d'Anet

Cette planche fait partie de la *Monographie du Château d'Anet* de R. Pfnor.

Moulin & Lemaire Sc

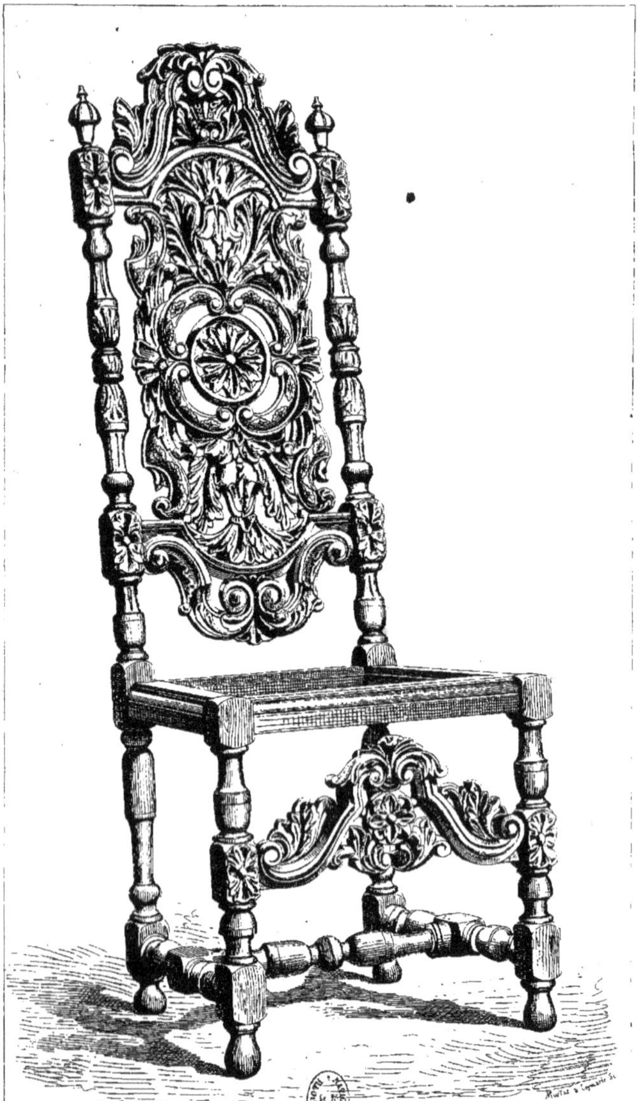

CHAISE

Bois de Chêne

Imp. Migeon 19, r. des Plantes Paris

ORNEMENTATION USUELLE

XVIe SIÈCLE

PREMIÈRE ANNÉE | ÉPOQUE D'HENRI II

à 3 ... Lecuiton

SCULPTURE SUR BOIS

attribuée à J. Goujon

Imp. Migeon, rue du Chemin des Plantes, 10.

Collection de M. Recappé

N° [illegible]

Grandeur d'exécution

SUCRIER

en verre de Bohême

Collection de M. R. P.

Imp. Ch. Chardon

au 4/5me de l'Exécution

FLACON

en Verre de Bohême

Collection de M. H. P.

Imp. Mignon
19, Rue des Fleurus

au 20me de l'exécution

DOSSIER

du Lit de Louis XIV

Palais de Versailles

DOSSIER DE CHAISE

en Cuir ciselé et gravé

Collection de M. Récappé

Imp. Migeon, 19, rue des Plantes

AU DIXIÈME DE L'EXÉCUTION

LUSTRE

En Cristal de la fabrique de Murano, près Venise

PALAIS VANDRAMIN, A VENISE

Typ. Rouge frères, Dunon et Fresné.

ORNEMENTATION USUELLE

GRANDEUR D'EXÉCUTION

MARTEAU DE PORTE

exécuté en bronze

Composition de M. KOLSCHER, architecte

A BERLIN

Typ. Rouge frères, Dunon et Fresné.

AU QUART DE L'EXÉCUTION

PEINTURE MURALE

Cathédrale de Saint-François-d'Assise

Typ. Rougefrères, Dunon et Fresné.

FABRIQUE ALLEMANDE.

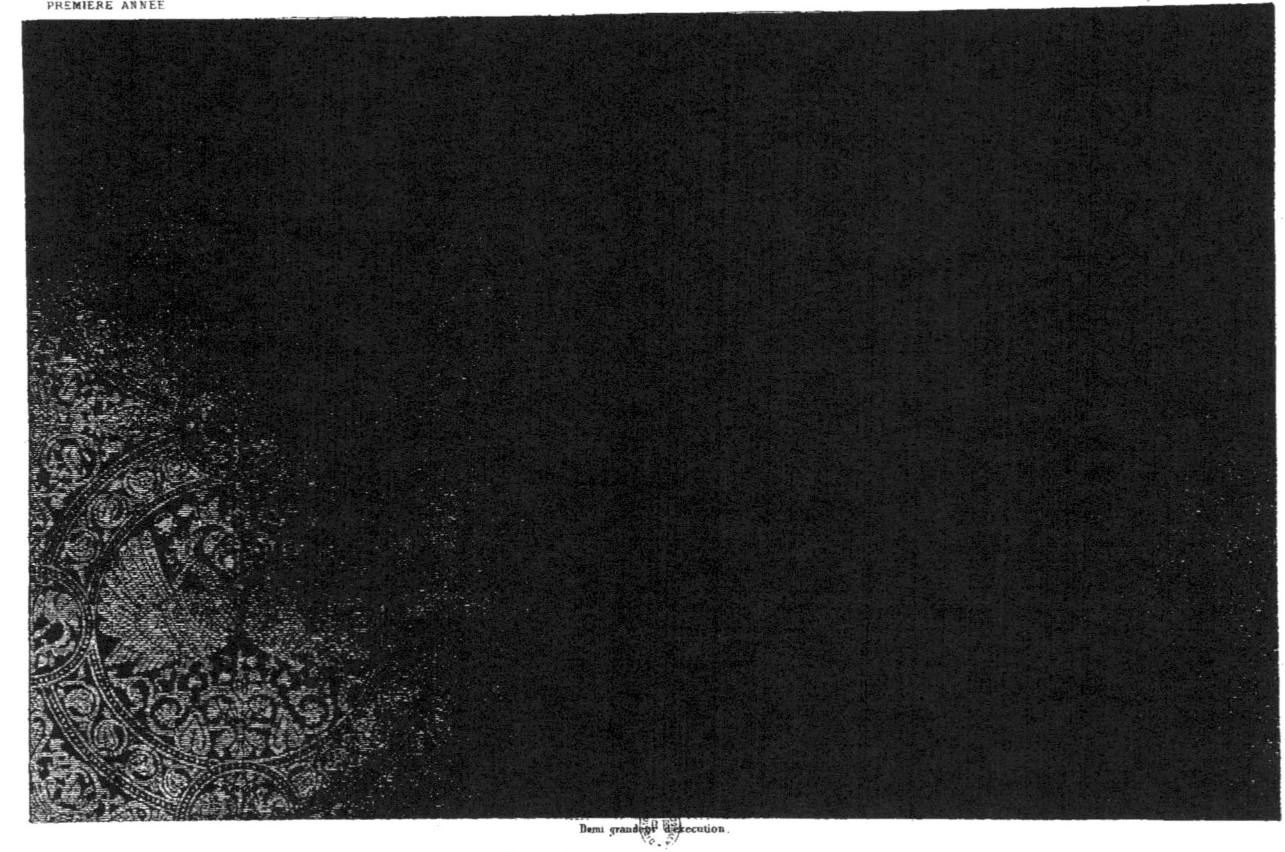

Demi grandeur d'exécution.

ÉTOFFE DE TENTURE,

Style moyen âge.

PREMIÈRE ANNÉE

FABRIQUE ALLEMANDE.

Demi grandeur d'exécution.

ÉTOFFE DE TENTURE,

Style moyen âge.

ORNEMENTATION USUELLE

XIIe SIÈCLE.

PREMIÈRE ANNÉE. ÉCOLE DE LIMOGES.

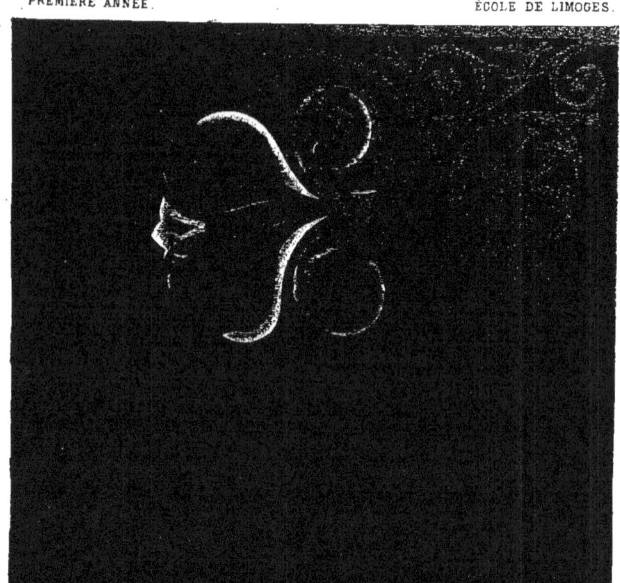

Mc Gaïde del. Grandeur d'exécution L. Lenfant lith.

ÉMAILLERIE CHAMPLEVÉE,

Détails de la Châsse de S.t Faustin,

Musée de Cluny 2902 du Catalogue.

... 149. Quai Voltaire. Paris

DEMI-GRANDEUR D'EXÉCUTION

REVÊTEMENT EN MARBRE

NOIR ET ROUGE SUR FOND JAUNE CLAIR

MAUSOLÉE DU SULTAN KHAÏRBEK

au Caire

Typ Rouge frères Dunon et Fresné

au 5me d'exécution

Bertel sc.

SCULPTURE EN BRONZE

par

BENVENUTO CELLINI

Palais de Fontainebleau

Imp Migeon, 19, rue des Plantes

AUX DEUX TIERS DE LA GRANDEUR D'EXÉCUTION

CALICES

TRÉSOR DE LA CATHÉDRALE DE VARSOVIE.

Typ. Rouge frères, Dunon et Fresné.

MEUBLES

DE LA FABRIQUE DE TOELZ, TYROL BAVAROIS

Les fleurs sont peintes sur fond jaune clair

Typ. Rouge frères, Dunon et Fresné.

AU NEUVIÈME DE LA GRANDEUR D'EXÉCUTION

FLÈCHES DE MATS

en fer battu, ciselé, estompé et doré

COLLECTION DU PALAIS MOROSINI, A VENISE

Typ. Rouge frères, Dunon et Fresné.

CHÂSSE DE S^T FAUSTIN

Émaillerie Champlevée de Limoges

Musée de Cluny N° 2902.

Imp. Hiern
19, R. des Plantes

MINIATURE

tirée d'une Bible grecque.

Ass^n coop^e Imp. Guillemin et Cie 149 Quai Valmy, Paris

VASE

en bronze doré et émaillé

(ÉMAIL CLOISONNÉ)

COLLECTION DE M. GALICHON, Directeur de la *Gazette des Beaux-Arts*

Typ. Rouge frères, Dunon et Fresné.

Grandeur d'exécution.

Gaida del.

Lenfant lith.

VASE EN BRONZE DORÉ ET ÉMAILLÉ.

Email cloisonné.

Collection de M. GALICHON

Ass. Fr. ... G. Sauvier et Cie 149 Quai Valmy

COVPE.

3/4 de l'exécution

Mc Gaida del. L Lenfant lith

CÉRAMIQUE ITALIENNE

ASSIETTE EN FAÏENCE ÉMAILLÉE.

Collection de M. GALICHON.

Directeur de la Gazette des Beaux-Arts

Assn d'oeuvrs lith. Guillaumin et Cie 149 Quai Valmy Paris

ORNEMENTATION USUELLE

XIIIe SIÈCLE

PREMIÈRE ANNÉE

N^TRE-DAME DE PARIS

CHAPITEAU

de la Porte Rouge

Imp. Migeon, 19, rue des Plantes

COFFRET

[illegible]

collection de M[r] [illegible]

ORNEMENTATION USUELLE

PREMIÈRE ANNÉE — RÉPUBLIQUE ROMAINE (AVANT J.-C.) — TRAVAIL GRÉCO-ROMAIN

GRANDEUR D'EXÉCUTION

PARTIE SUPÉRIEURE D'UN CANDELABRE

bronze doré

MUSÉE DU VATICAN

Typ. Rouge frères, Dunon et Fresné.

MOITIÉ DE LA GRANDEUR D'EXÉCUTION

UN TIERS DE LA GRANDEUR D'EXÉCUTION

ENTRÉE DE SERRURE ET PENTURE

de l'Hôtel de Ville d'Augsbourg

FER FORGÉ, CISELÉ ET ÉTAMÉ

Typ. Rouge frères, Dunon et Fresné.

AUX DEUX TIERS DE L'EXÉCUTION

ASSIETTES

Faïence de Rouen

COLLECTION LEVEEL, AU MUSÉE DE CLUNY

Typ. Rouge frères, Dunon et Fresné.

AUX TROIS CINQUIÈMES DE LA GRANDEUR D'EXÉCUTION

PLATEAU DE BURETTES

Vermeil, Émaux et Pierres précieuses

ÉGLISE DE GMUND, WURTEMBERG

La Burette paraîtra dans la livraison suivante

Typ. Rouge frères, Dunon et Fresné.

GRANDEUR D'EXÉCUTION

BURETTE

Vermeil, Émaux et Pierres précieuses

ÉGLISE DE GMUND, WURTEMBERG

Le plateau de cette Burette a paru dans la livraison précédente.

Typ. Rouge frères, Dunon et Fresné.

ORNEMENTATION USUELLE

XVᵉ — XVIᵉ SIÈCLE

XVᵉ SIÈCLE.

FIN DU XVᵉ SIÈCLE.

XVIᵉ SIÈCLE.

AU DIXIEME

DE

L'EXÉCUTION

GRILLES

en fers ronds, forgés et dorés

Typ. Rouge frères, Dunon et Fresné.

à 1/3 de l'exécution

SIÈGE D'UNE CHAISE
en Cuir ciselé et gravé

Collection de Mr Récappé

(Voir livraison 5, N° 26)

Imp. Migeon, 19 rue des Plantes

MONTRE

OR ET ÉMAIL

AYANT APPARTENU A MADAME DE SÉVIGNÉ

Appartenant à M. F...

Typ. Rouge frères, Dunon et Fresné.

½ grandeur d'Exécution

MARTEAU DE PORTE

en fer forgé et découpé

Imp. Migeon, 19, rue des Plantes

ORNEMENTATION USUELLE.

XVIIIe SIÈCLE.

PREMIÈRE ANNÉE. ÉPOQUE LOUIS XVI.

N°1. L'EAU.

PANNEAU PEINT

(Grisaille)

d'après le dessin original de LERICHE.

(Collection de Mr REIBER)

ORNEMENTATION USUELLE.

XVIIIe SIÈCLE.

PREMIÈRE ANNÉE. ÉPOQUE LOUIS XVI.

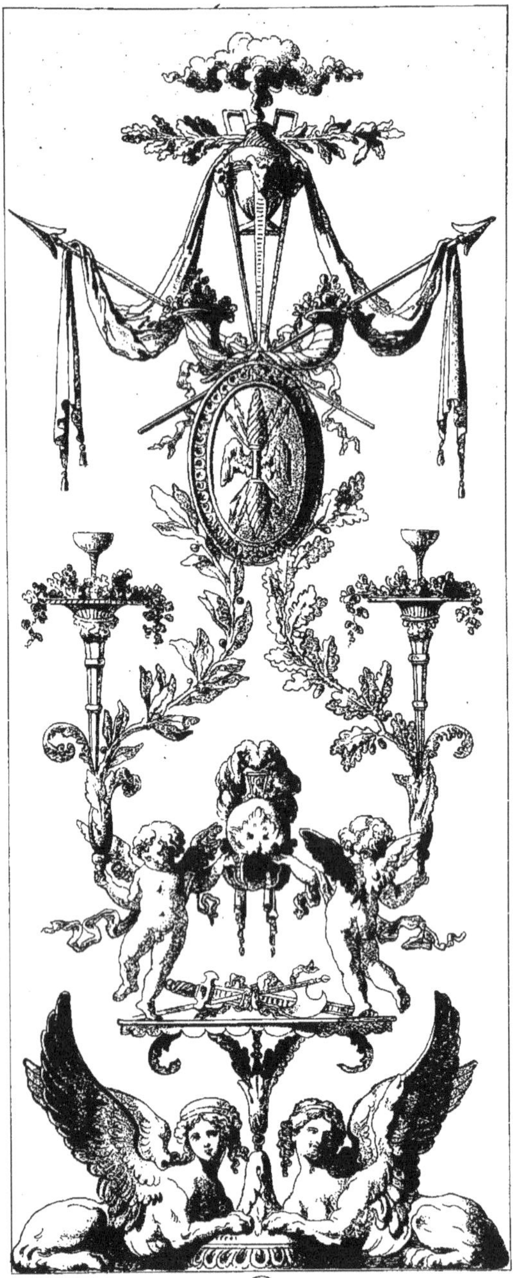

N° 2 LE FEU.

PANNEAU PEINT

(Grisaille)

d'après le dessin original de LERICHE.

(Collection de Mr REIBER)

Nos 60 et 61.

N° 3. L'AIR.

PANNEAU PEINT
(Grisaille)
d'après le dessin original de LERICHE.

(Collection de Mr REIBER.)

No 4 la TERRE.

PANNEAU PEINT

(Grisaille.)

d'après le dessin original de LERICHE.

(Collection de Mr REIBER.)

FAUTEUIL

Tapisserie de Beauvais

sur bois peint en blanc et sculptures dorées.

Château de Neuillé (Maine et Loire)

Imp Migeon, 19, rue des Plantes

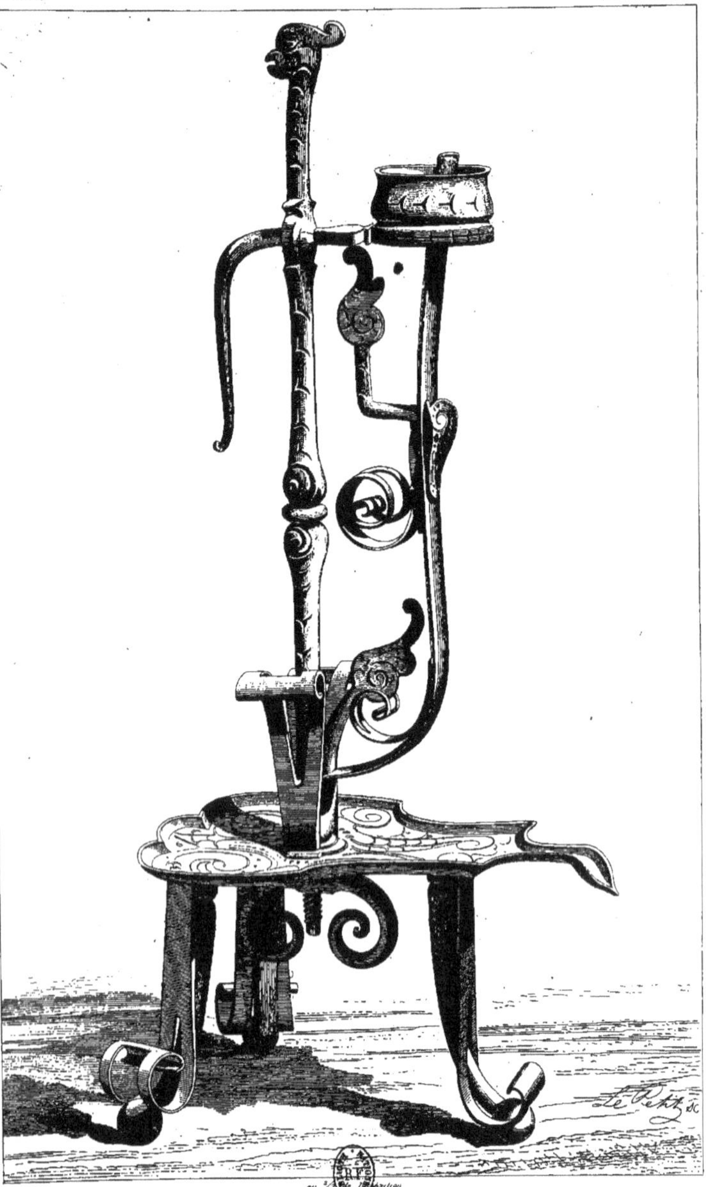

Le Petit sc

CHANDELIER EN FER

de la Collection de M. H. du C.

Imp. Migeon, 19, r. des Plantes

au quart de l'Exécution

LAMBREQUINS

Broderie en application de rubans

Imp. Migeon, 19, rue des Plantes

XVIE SIÈCLE

TRAVAIL FLORENTIN

½ Grandeur d'Exécution

MARTEAU DE PORTE

en Bronze Florentin

Collection Récappé

Paris Imp. Mégnen 17 r. des Plantes.

au quart de l'Exécution

PANNEAUX SCULPTES

Bois de Poirier

Migeon. Imp. 19 r. des Plantes

AU QUART DE L'EXÉCUTION

CHENET

BRONZE DORÉ

COLLECTION RECAPPÉ

Typ. Rouge frères Dunon et Fresne.

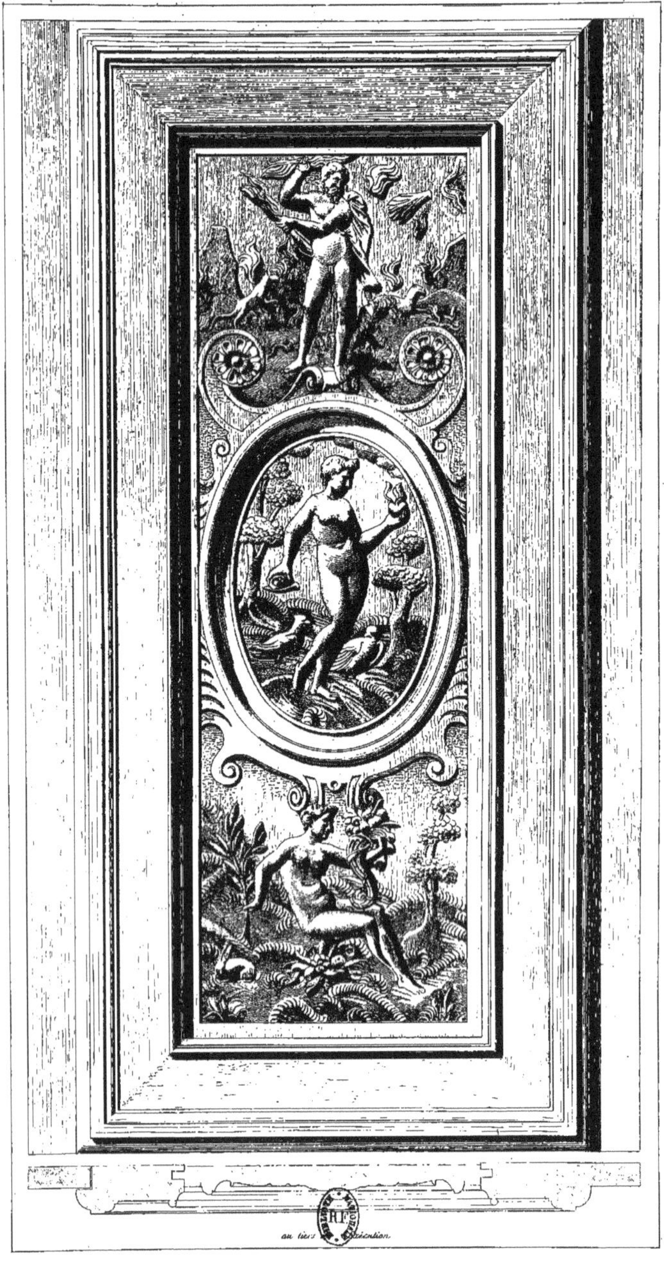

au tiers [illegible]xécution

VANTAIL

d'un meuble attribué a J. Goujon

Collection Récappé

www.ingramcontent.com/pod-product-compliance
Lightning Source LLC
Chambersburg PA
CBHW070622100426
42744CB00006B/580

* 9 7 8 2 0 1 2 7 4 2 7 2 7 *